Dr D

ÊTRE HEUREUX EN FAMILLE

DROGUET & ARDANT

Collection

La quête du bonheur

dirigée par Alain NOËL

Quel que soit le temps que ça m'prenne,
Quel que soit l'enjeu,
Je veux être un homme heureux.

William Sheller, *Un homme heureux.*

Dans la même collection :

Être heureux au travail

En préparation :

Être heureux dans l'Église

Pour Isabelle

La recette d'Anne, 11 ans.
Prenez un père, une mère.
Malaxez jusqu'à ce qu'il y ait un enfant
puis deux puis trois, etc.
Battez l'éducation en neige très ferme.
Mettez au four dix ans.
Et ressortez le plat.
Voilà la famille.

Du même auteur

Les Thérapies brèves, Paris, Retz, 1990

Avertissement : Les histoires de patients rapportées dans ce livre dont authentiques. Elles ont été modifiées sur des détails afin de préserver le secret médical.

Remerciements :

— à ma famille et aux familles amies pour leur aide à la réalisation de ce livre et leur exemple encourageant : particulièrement celles d'Anouk et Jean-Marie Meyer, Bénédicte et Jean-Paul Renard, Anne-Marie et Bernard Servantie, Simone et Maurice Reitter, Claire et Fabien Vaylet, Cécile et Dominique Larroque, Brigitte et Thierry Piéchaud, Jacqueline et Xavier de Place, Geneviève et Bertrand Verny, Catherine et Jean-Luc Cariou, Marie-Jo et François Pepers, et tant d'autres,

— à toutes les familles en difficulté qui m'ont fait l'honneur de se confier à mes soins.

Introduction

Quand l'éditeur m'a proposé d'écrire sur le bonheur en famille, mes sentiments étaient plutôt mélangés. J'ai traité des centaines de patients et de familles déchirées pour leur faire retrouver, du mieux que je pouvais, une certaine harmonie. Pour mieux comprendre ce que j'observais dans ma pratique, j'ai travaillé toutes sortes de savants traités sur la famille : psychiatrie et psychologie, mais aussi pédagogie, sexologie, ethnologie, sociologie et politique.

Je peux donc parler de la famille, mais comment parler du *bonheur* ? Le mot semble énoncer une évidence. Qui ne veut être heureux ? Si vous trouvez quelqu'un qui ne recherche pas le bonheur, amenez-le moi. Avant de tenter, peut-être, de le soigner, je l'étudierai avec le respect dû à un mutant. J'ai rencontré des gens malheureux au-delà de l'imaginable, mais précisément – le mot « malheureux » le dit bien – ils se définissaient comme ayant raté le bonheur, but de leur vie, comme de celle de tout homme.

Je n'ai trouvé de véritable définition du bonheur dans aucun dictionnaire. J'y ai seulement appris que le bonheur, c'est... d'être heureux ! On ne dit rien d'autre en effet quand on évoque, par exemple, un « état de profonde satisfaction intérieure ». Il existe des définitions philosophiques plus satisfaisantes. Mais si je vous disais, avec Aristote, que « le bonheur est l'activité conforme à la vertu », cela n'aurait probablement pas pour nous d'intérêt pratique immédiat !

Alors contentons-nous d'être incapables de définir cette expérience si discrète et si intime. Devant le spectacle du bonheur de la mère qui recueille le premier sourire de son bébé, de la petite fille qui réussit enfin à monter à vélo sans tomber, ou du père qui se fait jardinier le dimanche, nous nous sentons au seuil d'un mystère.

Tout adulte équilibré sait qu'il doit son équilibre à une famille heureuse qui peut être celle dont il vient, celle qu'il a, celles qui viennent de lui, ou tout ou partie de celles-ci. Maintenant, demandez-lui en quoi consiste le bonheur de sa famille. Il sera bien embarrassé ! C'est une expérience trop profonde pour être mise dans les mots abstraits d'un discours rationnel. En revanche, pour vous transmettre un peu de ce qu'il ressent, notre homme sautera sur l'occasion délectable qui s'offre à lui de vous raconter ses histoires de famille. Mais le plus souvent, ces anecdotes n'émeuvent ou ne font sourire que lui.

En règle générale, on n'est pas avare des histoires de famille. Je suis moi-même très fier de celle-ci. Mon arrière-grand-mère est connue chez nous sous le surnom de « Yéyé ». Yéyé habitait l'hiver une péniche, et l'été une ruine médiévale. Elle ne faisait son ménage que les jours de grand vent : elle ouvrait toutes les fenêtres, laissant le courant d'air emporter l'inutile et l'encombrant. Pourquoi suis-je aussi heureux de vous parler de cette arrière-grand-mère ? Je ne l'ai jamais connue, et vous êtes étranger à mon clan. En fait, je vous dis ainsi un peu d'où je viens. Je voudrais vous faire respirer un peu du parfum de mon bonheur d'être un Megglé. Merci, Yéyé. Merci, la famille. Merci, la transmission.

Lecteur, soyez heureux. Vous allez échapper à deux dangers. Le premier, c'est que ce livre aurait pu être une irréprochable compilation des ouvrages savants dont je parlais plus haut. Ceux-ci dissèquent tellement la vie qu'ils font perdre le goût des choses simples et vraies. J'aime les esquimaux glacés, mais quand j'en mange un, j'évite de lire sa composition chimique sur l'emballage. Je sais qu'elle est là, imprimée sur le papier que je suis en train de déchirer. Si mes yeux tombent dessus, elle me coupe instantanément l'appétit. Pour apprendre à être heureux en famille, partons de l'expérience de la vie, et non de sa « composition chimique ». Et si, parfois, les manuels nous aident, nous nous en servirons distraitement. Le deuxième danger est pire : dans ce livre, j'aurais pu vous raconter complaisamment toutes mes histoires de famille. Je ne vous en raconterai que trois pour cent. Vous en avez déjà eu une. En voici une seconde.

J'étais donc perplexe à la suite de la demande de l'éditeur. En fait, la question essentielle qu'elle dévoilait était inquiétante. Pouvais-je accepter la proposition sans tricher ? Étais-je moi-même heureux en famille ?

Traversant à cette époque une zone de turbulence professionnelle, je craignais que ce livre ne m'obligeât à une révision pas forcément plaisante de mes attitudes en famille. Pendant quelques jours, entre deux consultations, je retournais le problème sans succès, jusqu'au moment où l'illumination vint : *on n'est pas heureux seul.* La réponse ne viendrait pas d'une réflexion solitaire au bureau, mais de la famille. C'était à elle de m'autoriser ou non à écrire le livre. En rentrant ce soir-là, j'ai rassemblé tout le monde dans la cuisine, où les plus petits dînaient. Devant tant de mystère, les enfants s'attendaient à une nouvelle blague de papa. Quand j'annonçai que j'avais juste une question à poser, ils crurent encore moins à mon sérieux : « Dites-moi, oui ou non, si chacun d'entre vous est heureux ? » Éclats de rire, oui collectif et individuel. Les enfants en étaient sûrs maintenant : c'était bien encore une blague de papa. Aurais-je dû procéder à un vote secret ? Merci, ma femme. Merci, les enfants.

Objectif : « créer » des personnes

Donner des recettes du bonheur en famille serait d'une invraisemblable prétention. Le bonheur ne se vend pas en « kit » montable. Sinon, cela se serait su depuis longtemps. Être heureux en famille est un art de vivre. Les artistes ont chacun leur style.

Néanmoins, toute famille a *un objectif*, qui est d'épanouir les personnes qui la constituent. Dans le bourgeon se cache une fleur qui ne demande qu'à s'épanouir. Pour cela, il lui faut la nourriture de la sève, la protection du bourgeon, un environnement favorable, et la bonne saison. De même, l'objectif de la famille est de fournir le contexte optimal pour amener chaque membre à réaliser le mieux possible toutes les richesses latentes qui dorment dans ses profondeurs. C'est pour s'épanouir qu'un homme et une femme se marient et ont des enfants. C'est pour épanouir leurs enfants qu'il les élèvent. Seuls des êtres humains épanouis sont capables d'épanouir d'autres êtres humains. La famille en est l'école. La société, qu'elle reproduit en miniature et avec laquelle elle est en échanges constants, a besoin de ce genre d'hommes pour qu'il y fasse bon vivre. La famille est le lieu où se créent des personnes. Elle ne sert qu'à cela, et aucune autre institution n'a jamais pu la remplacer pour atteindre ce but.

Le cycle de la vie familiale

L'objectif n'est pas réalisé une fois pour toutes et définitivement, sous la forme d'un tableau fixé : « Les Tartampion, famille idéale de 1993, couple de trente-cinq ans, deux enfants de onze et neuf ans, un chien, une Ford Escort. » La famille bouge, change.

La vie familiale suit un cycle naturel qui se répète de génération en génération, par-delà les modifications socioculturelles : départ de la maison des parents pour fonder son foyer, naissance puis éducation des enfants, qui partent à leur tour ; les enfants deviennent parents puis grands-parents et meurent. La famille traverse une série d'étapes. À chacune, des liens se créent, se modifient et ainsi subsistent. Chacune éveille des potentialités qui dormaient en chacun : l'adolescence fait un homme de l'enfant, la naissance d'un bébé fait une mère d'une jeune femme, et une grand-mère d'une femme mûre. L'épanouissement des personnes est une succession d'épanouissements.

Il est important d'avoir conscience du temps qui passe, pour découvrir les opportunités de bonheur que chaque époque recèle. Sinon, on subit le déroulement de sa course, le regard rivé aux soucis quotidiens. Alors qu'a-t-on eu du bonheur de l'existence ?

Tracez un trait de craie par terre. Prenez une poule, et fixez son bec sur le trait de craie. Elle ne bougera plus, à moins que vous ne la déplaciez. Quand on se conduit comme cette poule, on s'expose à de pénibles surprises. On avait, par exemple, tout sacrifié à des enfants qu'on n'a pas vu grandir. Les voilà devenus adultes. Ils vident le nid familial au moment où maman est en pleine ménopause, et papa près de la retraite. Quel sauvage rappel de notre mortalité ! Mes patients et la vie m'ont fourni un épais catalogue de désillusions familiales brutales, et vous en avez vous-mêmes un certain nombre d'exemples.

Ne cherchons donc pas à fixer le temps en une image atemporelle de famille idéale, avec d'éternels bons, beaux et jeunes parents, d'éternels bons, beaux et petits enfants. Collaborons avec le cycle de vie jusqu'à la mort.

La technique des artistes : l'amour

Revenons à nos artistes. Ils ont une technique et des outils qui correspondent à la noblesse du projet et des matériaux.

Pour créer des personnes, il n'existe qu'une seule technique : l'amour. Le mot « technique » est mal adapté pour parler d'amour. Admettez-le provisoirement : après tout, il s'agit d'art. L'amour est une évidence aussi mal définie que le bonheur. Il est aussi familier que lui au cœur de l'homme, qui a toujours su que, tout bêtement, l'amour rend heureux.

L'amour entraîne un petit ensemble de valeurs et d'attitudes indispensables dans son sillage. On ne construit pas une famille sur des mensonges ou de la déloyauté. Si l'on veut se passer de la morale de l'amour, je conseille de créer aussitôt un comité d'éthique familiale, auquel je ne siégerai pas. Il comprendra les personnalités renommées du « prêt-à-penser » de nos grands magazines. Le comité, aidé par l'État, consultera des experts, et vous fournira dans dix ans un volumineux rapport sûrement intéressant, notamment sur la réactivation du complexe d'Œdipe chez le préadolescent. Et vous, où serez-vous ?

Les outils des artistes

Pour aimer les autres, c'est-à-dire s'ouvrir à eux et les aider à réaliser leurs potentialités, il faut d'abord s'aimer soi-même. Si je ne m'aime pas, je me referme sur moi, et je manipule les autres selon ce qu'ils m'apportent ou me refusent. Ils ne comptent plus qu'en fonction de moi.

La vie familiale offre un certain nombre d'outils pour renforcer ou améliorer l'estime de soi. Mal maniés, ces outils sont des pièges qui font souffrir leurs utilisateurs, et avec eux toute la famille. Ils sont bien mieux connus depuis une trentaine d'années, grâce à quelques remarquables thérapeutes familiaux, tels que l'Américaine Virginia Satir. Ces praticiens n'ont rien inventé, au sens où ils n'ont rien fabriqué de nouveau. Ils ont mis en lumière ce qui se passe dans toutes les familles, et c'est cela qui est nouveau. Désormais, celles-ci, connaissant plus clairement les possibilités de leurs outils, peuvent s'en servir intelligemment plutôt qu'au hasard.

L'étude de la famille en action dans sa communication, ses règles, ses rites, et les relations qui s'y font et s'y défont sans cesse ont aidé un grand nombre de familles à devenir plus épanouissantes. Ces éléments sont les moyens grâce auxquels celles-ci développent leur art de vivre dans leurs rapports avec l'extérieur, tout au long du cycle de la vie : métiers des parents, médias, école, associations, sphère sociale et politique.

La technique de base, l'amour, est simple, et les outils d'un emploi facile, mais il faut les utiliser. Ce n'est pas toujours le cas : certains prétendent s'en passer, d'autres se découragent après des échecs de débutants. Ils s'étonnent du manque de résultats obtenus, et se détournent de leurs familles.

N'importe quelle performance nécessite une méthode et de l'entraînement pour être réussie. La vie apporte les occasions de pratiquer. Ce qu'on fait d'abord difficilement, on le fait ensuite de plus en plus facilement, quasi naturellement. Ce livre n'est pas destiné à ceux qui ne veulent pas remettre leur ouvrage cent fois sur le métier, ni à ceux qui ne veulent courir aucun risque d'échec. La magie n'est pas à ma portée.

Humour et larmes

La souffrance, la maladie et la mort n'épargnent aucune vie humaine. Elles peuvent conduire au dévoilement de toute la vérité et de la noblesse de l'art de vivre familial qui, jusqu'alors, ne se manifestait que dans des choses bien petites et ordinaires en comparaison. Je le dis au risque de choquer par le rapprochement difficilement tolérable des mots « souffrance » et « art ».

Enfin, il existe un signe majeur que des artistes sont au travail dans une famille. J'en parle ici pour n'y plus revenir, parce qu'il y est tellement diffus qu'il en imprègne toute l'atmosphère. C'est la présence massive et débordante de l'humour. On s'amuse dans une famille heureuse. Le regard sur la vie est toujours neuf, jamais aigri, lassé, ni vieilli. Les protagonistes ne sont pas constamment conscients de cette ambiance joyeuse, parce qu'on travaille beaucoup dans une famille et que la vie est souvent dure.

LE CYCLE DE LA VIE FAMILIALE

Une certaine dose de mystère

Chacun d'entre nous a un début et une fin, la naissance et la mort. En naissant, nous arrivons dans une famille ; en mourant, nous la laissons et elle poursuit sa route. Au long de l'existence, combien de fois la quittons-nous ? En nous mariant, en allant travailler ailleurs... Et pourtant, elle reste *la* famille. Elle est modifiée profondément par la mort prématurée ou l'exil d'un membre, mais elle continue en changeant de forme. Quand commence la vie de la famille ? Quand se termine-t-elle ?

La succession des générations me fait penser à un alphabet qu'on n'en finirait pas d'épeler. Cet alphabet a bien plus que vingt-six lettres : des millions. Quand arriverons-nous au *z* final ? Moins nous avons de descendants, plus nous avons envie de l'épeler en sens inverse pour comprendre d'où nous venons. Notre époque peu procréative a développé une passion pour les arbres généalogiques.

Les bureaux d'état civil sont débordés de demandes. C'est à qui remontera le plus haut, et découvrira le « big bang » fondateur de sa famille. Les plus chanceux des roturiers arrivent jusqu'aux premiers registres d'état civil, ceux de François Ier. Avec regret, ils arrêtent alors leur recherche. La lettre A (comme Adam) est malheureusement encore très lointaine.

Il y a là-dedans, si l'on veut bien y être sensible, une certaine dose de mystère. Tout se passe comme si, de génération en génération, nous ne cessions d'être mus par un cycle plus puissant que nous. Le cycle a peut-être eu un début et aura peut-être une fin. Nous sommes incapables de les discerner : il y faudrait un regard qui traverse le temps dans les deux sens, avant et après nous. La trop courte durée de notre existence nous rend aveugles. Elle nous permet seulement de pressentir un je-ne-sais-quoi en rapport avec l'éternité et notre finitude. Nous n'avons pas des yeux divins.

La force et la permanence du cycle de la vie familiale évoquent d'autres puissants dynamismes de la nature : cycles des planètes, du jour et de la nuit, des saisons, et cycles biologiques de notre corps. La nature fait tout en rythme. Elle semble nous dire qu'il y a un temps pour chaque chose : un temps pour semer et un autre pour récolter, un temps pour travailler et un autre pour se reposer, un temps pour naître et d'autres pour grandir, enfanter et mourir. Coincé dans ses contradictions, l'homme moderne prend lentement les leçons de l'époque industrielle. Poussé par sa volonté de puissance, il avait transgressé les rythmes naturels, et provoqué d'irréparables dégâts écologiques. Il devient plus modeste. Il commence à savoir qu'il ne peut dominer la nature qu'en se soumettant à ses lois. Le cycle de la vie familiale appartient aussi à notre écologie.

Dans la vie animale, les cycles de reproduction et d'élevage varient d'une manière incroyable. Certains nous amusent et certains nous émeuvent. Je reste rêveur devant la famille Castor, dont les parents sont des monogames purs et durs, fidèles jusqu'à la mort et après. Et comment vous expliquez-vous le comportement paradoxal de Maman Ourse ? Pendant des mois, elle nourrit tendrement ses petits, qu'elle protège des agresseurs. Il ne fait pas bon s'approcher d'elle. Puis un beau jour, sans prévenir, elle les oblige à monter haut dans un arbre et prend la fuite. Les oursons effrayés doivent désormais se débrouiller seuls pour survivre dans la nature sauvage.

Les histoires animales parlent à l'homme comme les Fables de La Fontaine. Je ne connais pas d'exemple de Monsieur Castor assez insouciant pour tromper sa femme, après lui avoir construit sa maison. Je ne connais pas non plus d'exemple de Maman Ourse assez névrosée pour ne pas laisser ses enfants quitter le domicile familial le moment venu !

L'homme peut se projeter facilement dans la vie de Monsieur Castor ou de Maman Ourse. Mais il ne marche pas à quatre pattes, et – seul exemple au monde – il a une belle-mère. Pour être plus sérieux, il a un objectif qui est tout son problème par rapport à ses frères mammifères : créer des personnes épanouies et épanouissantes. Il est le seul à vouloir former une communauté de personnes animées par l'amour. Pis, il espère atteindre le bonheur ! Il est le seul animal à vouloir une famille.

Dans ce but, il s'est servi du puissant cerveau qui fait son orgueil et, au long des siècles, il a tenté beaucoup d'essais différents. Il a imaginé de rendre la famille plus rationnelle, témoignant en cela qu'il est aussi le seul animal à pouvoir fabriquer des utopies durables. Il a inventé la polygamie antique, musulmane ou tribale dont l'avantage économique est certain ; la transmission de l'héritage par l'oncle maternel dénote l'ingéniosité financière de l'Africain ; les expériences communistes à l'Est et les kibboutzim israéliens ont eu une existence plus éphémère, malgré les extraordinaires qualités que les idéologues leur trouvaient.

L'institution de M. Bidule

Devant ces séquelles de l'Histoire, les sociologues ont aligné des satistiques et, la tête entre les mains, ont réfléchi intensément. Ces beaux esprits chauffaient. La découverte claqua : ils annoncèrent solennellement que la famille était une *institution* dont il existait plusieurs *modèles* dans le monde et selon les époques, également relatifs, valables et évolutifs. En fait de découverte géniale, ce n'était rien de plus que le disjoncteur qui avait sauté.

Dire qu'il existe plusieurs types de famille dans l'espace et le temps n'est qu'une lapalissade. L'intéressant est la pollution écologique réalisée par les mots techniques « institution » et « modèles ».

On parle d'institution pour désigner des structures telles que l'école, l'université, ou les entreprises commerciales et industrielles. Ce sont des constructions artificielles de l'homme, dont il imagine librement les modèles légaux ou réglementaires. Une institution n'est pas naturelle. C'est pourquoi on ne parle ni de l'institution climatique, ni de l'institution animale.

La famille n'est une institution qu'en un sens très restreint : ce sont des personnes libres qui décident de la fonder. Mais si le cycle de vie n'existait pas, elles n'auraient plus rien à décider. D'autre part, sur leur liberté s'exercent les contraintes de la culture à laquelle elles appartiennent. Une décision peut être mauvaise, et des contraintes culturelles nocives. Le cycle, lui, continue par-delà les variantes historiques et géographiques. L'utérus de la femme bantoue n'a pas oublié qui il a engendré, pas plus que celui de la Suédoise. Pour tout homme, la femme de sa vie, c'est d'abord sa mère.

M. Bidule, illustre sociologue parisien, admire en entomologiste les « modèles culturels de l'institution familiale ». Mais la polygamie ne rend pas les femmes, les enfants et les maris heureux, et les familles soviétiques ont beaucoup souffert. De toute manière, après avoir donné ses cours, Bidule rentre le soir dans son « institution ». Il prend son bébé sur les genoux, mange de bon appétit le gigot cuit par sa femme monogame, s'émerveille des acquisitions de l'aîné qui a toute son intelligence, et enfin, satisfait de sa journée, fait tendrement l'amour à sa femme. Il a oublié qu'il était dans une minable famille « nucléaire » occidentale. Il a oublié qu'il n'était pas sous les cocotiers dans une famille élargie de bons sauvages en train d'offrir un sacrifice au génie de la tribu.

La culture est le résultat de l'activité intelligente et sociale de l'homme. Pour qu'elle épanouisse les personnes qu'elle imprègne, elle doit reconnaître le cycle de la vie familiale comme naturel, l'étudier respectueusement comme les autres phénomènes écologiques, et collaborer avec lui. C'est sous cet angle que j'envisagerai les modifications importantes que connaît la famille moderne. Je commencerai l'évocation du cycle au moment où deux jeunes gens se rencontrent et fondent un couple, entrant ainsi dans l'âge adulte.

1

Préparations et fondation

Nécessaire maturité ?

Pour fonder un couple, on insiste de nos jours sur la nécessaire maturité des partenaires. Je trouve cela très étonnant. Je pense au contraire que c'est la vie en couple qui les fait mûrir.

La marche s'apprend en marchant. Pour qu'un bébé y parvienne, il suffit que ses muscles soient ceux, en bon état, de son âge. Le nourrisson s'entraîne. L'entourage trouve normal qu'il tombe un nombre incalculable de fois. Pourtant, ses chutes sont douloureuses. Il ne viendrait pas à l'esprit d'exiger qu'il soit assez mûr pour marcher comme vous et moi, les adultes.

De même, qui d'entre nous savait vraiment conduire le jour où il a eu son permis ? Conduire s'apprend en conduisant. L'État, en nous donnant le permis, a reconnu que nous en savions assez pour apprendre à conduire seuls, sans moniteur. En leur donnant le volant, l'État envoie donc des dizaines de milliers d'immatures chaque année sur les routes, et nous en avons fait partie autrefois...

Avec un système affectif et hormonal en bon état, les jeunes peuvent facilement avoir le « permis de famille ». Bien sûr, de même qu'il existe des enfants arriérés moteurs incapables d'apprendre à marcher, il existe des jeunes arriérés affectifs. Ces immatures profonds sont irresponsables et incapables de subvenir aux besoins d'une famille. Ils sont une minorité que leur handicap marginalise et amène à la consultation du psychiatre.

Pour se marier, il faut un peu de passion et un zeste d'inconscience : il faut de l'enthousiasme, qui est une qualité de l'enfance. Avoir su la garder à travers l'adolescence témoigne que l'on sort d'une famille épanouie.

Pour avoir le « permis de famille », les candidats n'ont nul besoin d'être adultes. En revanche, ils doivent savoir qu'en se mariant, ils entrent dans l'âge adulte. Ils ont la volonté de répondre aux nécessités de celui-ci, au fur et à mesure qu'elles se présenteront à eux. Ils sont conscients que les responsabilités n'arrivent pas toutes ensemble : le cycle de vie amène chacune en son temps, ce qui aide à les assumer. Il n'est demandé à personne de jouer à Superman. Le lendemain de son mariage, on ne réclame pas du jeune homme qu'il soit simultanément une bombe sexuelle, un père attentif, et un cadre performant. On ne réclame pas de la jeune fille d'hier qu'elle soit instantanément une maîtresse de rêve, une mère parfaite, avec un travail formidable et une maison bien tenue.

Désaffection du mariage ?

Le mariage est malade aujourd'hui. M. Bidule y voit le signe que notre époque recherche de nouveaux modèles à l'« institution familiale ». Le bon moyen d'éviter de tomber dans le panneau des abstractions idéologiques des experts est de regarder ce qui se passe autour de nous. Je vous épargnerai les statistiques démographiques. Elles sont trop souvent mises au service des théories sociologiques à la mode.

Autour de nous, de plus en plus de jeunes se marient de moins en moins. Beaucoup habitent plus longtemps chez leurs parents, parfois jusqu'à la trentaine. Les études fournissent l'alibi. Elles durent aujourd'hui plus longtemps, et les parents doivent en assurer la logistique, jusqu'au moment où le jeune sera muni d'un diplôme. On sera sûr alors qu'il est mûr pour se débrouiller dans ce monde sauvage : il partira, et tout sera pour le mieux dans le meilleur des mondes possibles... En fait, on voit maintenant des vieux jeunes restés chez papa et maman. Ils donnent une partie de leur paie pour la logistique ; le reste, c'est leur argent de poche. À vingt-cinq ans, ils vivent comme à quinze.

Cette prolongation douillette du statu quo adolescent est confortable pour toutes les parties : pour le garçon, surtout si la petite amie n'habite pas trop loin ; pour les parents, parce que, le fiston étant toujours à la maison, ils peuvent entretenir l'illusion de leur jeunesse persistante. Que l'on ne me fasse pas croire que cette situation est saine. Elle n'aide ni les adolescents à devenir adultes ni les parents à se séparer de leurs enfants. Dans l'avenir, ou bien la séparation ne se fera pas : la famille est gélifiée. Ou bien, elle se fera de manière traumatique : on avait de vieilles habitudes, le monde s'écroule.

Rappelons-nous l'histoire de Maman Ourse. La séparation est une tâche éducative. Elle se prépare. Elle se réalise au moment favorable qu'il ne faut pas rater. Il n'y a absolument aucun moyen d'être sûr à cent pour cent que le moment est le bon, pas plus que vous n'avez été sûr à cent pour cent de l'opportunité de vos choix éducatifs précédents quand votre enfant était plus petit. Plus tard, vous mettrez longtemps à savoir si votre belle-fille était bien celle qu'il fallait à votre digne rejeton. Et même alors, en serez-vous sûr à cent pour cent ? Il est possible qu'elle fasse l'omelette d'une façon qui vous exaspère !

Pour finir, je ne trouve pas extraordinaire d'envoyer vivre ailleurs un enfant qui s'attarde trop à la maison ; il devra faire son ménage, sa lessive et sa cuisine. Il faudra seulement tenir bon devant maman qui, inévitablement, trouvera que son chéri a maigri et a mauvaise mine. Quand des enfants sont trop dépendants de leurs parents, bien souvent ceux-ci le sont aussi trop de ceux-là.

Au contraire, un grand nombre de jeunes vivent ensemble, parfois très tôt.

Dans la « cohabitation juvénile », papa et maman assurent aussi toute l'intendance. À d'autres couples, plus âgés et plus autonomes, on réserve les termes de « concubinage » et d'« union libre ». Le concubinage, reconnu par la loi, paraît vieillot à côté de l'« union libre » qui n'est même plus le mariage à l'essai des années 80.

Le mariage à l'essai me rebute. Je ne comprends pas comment deux personnes humaines peuvent *s'essayer*. Un employeur évalue les aptitudes d'un candidat pour voir si elles correspondent aux objectifs de l'entreprise ; il le prend ensuite à l'essai ; pendant la période probatoire, il peut le renvoyer sans heurts s'il ne convient pas. L'amour n'est pas un entretien d'embauche, et le conjoint n'est pas un employeur. Je suis content que les jeunes actuels ne cherchent plus à se marier à l'essai ; c'est plus modeste et plus respectueux de l'autre.

Cependant, dans « mariage à l'essai », restait la notion de mariage, c'est-à-dire d'une œuvre future commune et stable. Aujourd'hui, le projet a disparu. Dans l'union libre, l'avenir s'est évaporé. On cherche un présent qui dure. D'où la pauvreté et le manque d'élan de l'expression devenue banale : on se « met ensemble ». Le bonheur est dynamique. En supprimant le projet qui fait tendre vers l'avant, on casse cette dynamique. On préfère conserver qu'évoluer. Le mariage est, lui, une évolution franche et décisive. Ici, on s'aime, on a envie de vivre ensemble, mais prudence, « on ne sait jamais »... Beaucoup de jeunes couples avouent que leur refus d'engagement est provisoire. Dans cette valse-hésitation, ils attendent souvent que la vie prenne les décisions à leur place, et se marient après la naissance du premier enfant ou après avoir acheté une maison.

Il est facile de déceler le mobile de ce comportement : la peur. Prenons deux étudiants amoureux. Pourquoi se marieraient-ils ? Tous leurs copains se « mettent ensemble ». Ils ont une solution toute trouvée à leurs angoisses. En effet, ils sont inquiets. L'amour humain est une révolution dans deux vies, qui, avec la joie, apporte de la turbulence. En ne se singularisant pas, ils sont plus tranquilles pour traverser cette étape critique qui ne concerne qu'eux. Ils ont l'approbation de leurs congénères étudiants, chez qui ils renforcent ainsi le sentiment que se mettre ensemble est normal. Ils ne sont pas ridicules : aucun regard railleur ne risque de troubler ce qui se passe dans le secret de leurs cœurs.

Un enfant amoureux met aussi ses parents en situation instable : « Ma fille sera-t-elle heureuse avec ce garçon-là ? Il a l'air bien, mais on ne sait jamais. Soyons prudents. Il y a tant de divorces de nos jours. » Par peur, les parents emboîtent alors le pas au conformisme jeune, et acceptent que les enfants se mettent ensemble. Ils ne donnent pas toujours d'encouragements explicites. Ils laissent faire, en prétextant : « Avec les jeunes actuels, il vaut mieux ne rien dire », ou « C'est leur affaire, après tout. » Mais y a-t-il encore quelqu'un à la barre du bateau familial ? Ou celui-ci ne fait-il que suivre le courant ? Le fleuve de la vie est-il donc si sûr ?

Ou bien, variation sur le même thème : « Mon fils est amoureux, mais il est bien jeune pour se marier. » Aux yeux des parents, il est toujours trop tôt pour que les enfants se marient. À voler de leurs propres ailes, leurs poussins chéris pourraient y laisser des plumes. En allant faire un nouveau nid ailleurs, ils vident l'ancien. L'arrivée des petits-enfants donnera son sens à ce départ douloureux. Entre le moment où les parents esseulés se sentent moins parents et celui où ils deviennent grands-parents, un à cinq ans peuvent s'écouler, où leur vie semble avoir perdu de son utilité. Si les enfants « se mettent ensemble », l'irréparable séparation des générations que réalise le mariage n'est pas commise. Les parents sont tranquillisés un temps.

Les parents ont d'autres manières de dissuader leurs enfants de se marier. S'ils ont divorcé, comment ceux-ci se marieraient-ils facilement pour toute la vie ? Il existe certes des couples dont le premier mariage a échoué, et le second réussi. La stabilité paisible de ces deuxièmes noces donne envie aux enfants de constituer un foyer semblable à leur tour.

Autrefois, des parents insupportables ne divorçaient pas. Malgré la tourmente odieuse et quotidienne, restait marqué dans les psychismes que la famille était stable. Les enfants avaient dans la tête deux images mentales associées, papa *et* maman, avec un *et* indestructible. Pour leur identité, c'était mieux. Devant le drame, ils prenaient conscience de la gravité de l'enjeu du mariage. Certains en avaient les ailes coupées, et n'osaient plus avancer. D'autres y répondaient comme à un défi, et mettaient toute leur énergie à fonder une famille heureuse.

Revenons de notre détour passéiste. Le divorce n'est plus aujourd'hui que la concrétisation rapide d'une mésentente. Nous sommes loin de nous contenter d'un seul divorce. Dans les magazines, nous voyons des personnalités médiatiques aligner leurs mariages successifs comme sur un tableau de chasse. Le modèle Eddy Barclay déteint sur la classe bien-pensante parisienne. Des bourgeoises légèrement vieillissantes, sûrement élevées chez les Sœurs dont elles ont gardé les bonnes manières, les doigts ornés de juste-ce-qu'il-faut de bijoux, nous donnent les recettes du bonheur familial dans des livres d'apparence sympathique. Mais attention ! ces charmantes grands-mères ne sont pas en train de nous livrer les secrets de leur confiture-maison. Elles nous disent : « Mariez-vous, divorcez, remariez-vous, allez-y tant que le plaisir dure ! » Quelques mots de sociologie, quelques chiffres démographiques achèvent de donner un semblant d'autorité au propos frivole. Il paraît ainsi que les familles « éclatées, recomposées, en réseau » sont la voie royale du bonheur. On recommande une nouvelle forme de monogamie, la « monogamie successive ». En fait, ces thèses ici modérément caricaturées servent à justifier, l'âge venant, la manière dont l'auteur a vécu. Oublions ce genre de mamies. Elles ne sont drôles qu'un moment. Les jeunes savent le sérieux de l'amour. Ils savent qu'on ne se marie pas pour être assez mûr pour divorcer et se remarier.

Les parents qui considèrent le mariage comme une bagatelle représentent une variété de parents toxiques. En voici une seconde.

Vous vous souvenez probablement de ces deux dessins de Reiser. Ne les ayant pas sous les yeux, je les cite de mémoire. Le premier montre, en 1968, un contestataire chevelu, fils d'un homme cravaté d'allure stricte. La légende dit : « Enfant de c... ! » Sur le deuxième dessin, les mêmes, vingt ans plus tard : le fils est devenu un vieux « baba cool », père d'un fils coiffé en brosse et portant cravate. Légende . « Parent de c... ! »

Aujourd'hui, pour les jeunes, la difficulté principale à sortir de l'adolescence vient de leurs parents qui refusent de sortir de la leur. Le père emprunte ses jeans à son fils, la mère s'habille comme sa fille, le quinquagénaire fait du jogging jusqu'au malaise cardiaque, la mère montre sa poitrine sur la plage comme si elle avait les jolis petits seins fermes de ses quinze ans, le père trouve les copains de son fils « super », la mère demande conseil à sa fille sur la meilleure pilule.

Dans la « société adolescentrique », les adultes inversent les rôles (T. Anatrella). Ils demandent aux adolescents de les guider, parce qu'ils leur prêtent des lumières particulières sur la vie. Les adolescents deviennent la « génération morale ». Ce mot, apparu dans les médias lors de la révolte étudiante de 1986, est une escroquerie. Les adolescents voient leurs repères bouleversés par tous les changements psychologiques et physiologiques inhérents à leur âge. Ils ont besoin d'adultes stables qui leur montrent le port d'arrivée. C'est aux adultes d'être la « génération morale », sur les résistances de laquelle les jeunes viennent briser leurs angoisses.

La fondation d'une famille repose sur le mariage, engagement ferme, clair et constant qui, de soi, départage les générations. Comment des jeunes gens y parviendraient-ils si leurs parents brouillent le jeu, en tentant de rester adolescents ?

Mariage ou union libre ? Voici deux devinettes pour finir.

Deux jeunes gens « se mettent ensemble ». La jeune fille a-t-elle une belle-mère ? La mère de la fille a-t-elle un gendre ?

Les parents discutent de leurs enfants avec des amis pendant une soirée. Comment appellent-ils celui avec qui leur fille vit ? Le copain, l'ami, avec un sous-entendu diversement complice, désabusé, ou nostalgique ? Le fiancé, avec un air d'espoir un peu forcé ou de découragement feutré ?

Même si les uns vont à reculons vers les autres à travers les générations, la vie installe de toute manière la pièce rapportée dans l'autre famille. Le cycle naturel est trop puissant pour être bloqué par une utopie. Pour faire des enfants, il faut être deux, descendant chacun de deux personnes, ce qui fait six humains engagés bon gré mal gré dans l'aventure. La mort de la famille n'est pas pour demain. Les penseurs de 1968, devenus les parents souvent plusieurs fois divorcés de ces enfants qui ne veulent plus se marier mais vivre en union libre, ont raté leur prophétie.

L'utopie se détruira d'elle-même. En attendant, elle fait des dégâts. Il est difficile de lutter contre des motivations affectives (peur), et des attitudes (conformisme, adolescentrisme) diffuses dans la société. Étant dans l'air du temps, elles ont les moyens de se fabriquer d'innombrables argumentations, enquêtes et études auto-justificatrices. Heureusement, l'amour est dans l'intimité, pas sur la place publique. Ce qui donne l'envie, l'enthousiasme, et le courage pour se marier, c'est d'abord l'exemple de vie donné par les parents.

Je t'aime

Le juriste sait l'importance de la famille pour la société. Familles stables, société stable. Mais je ne me marie pas pour faire plaisir au juriste. Je me marie pour être heureux.

Quand je suis amoureux, je suis dans une merveilleuse bulle d'égoïsme à deux. J'éprouve une tendresse inouïe et profonde pour une femme qui m'était inconnue hier. Ce sentiment est si nouveau que le monde entier me paraît neuf. En fréquentant cette femme, je découvre que nous avons les mêmes valeurs et les mêmes attitudes. L'amitié est née, et nous échangeons comme jamais deux amis n'ont échangé. Nous sommes comme frère et sœur. Surgit en chacun de nous une idée qui se fraye son passage avec une vigueur de plus en plus forte, jusqu'à ce qu'elle s'impose comme une évidence : « Avec elle, je veux faire, faire ma vie, faire notre vie, faire l'amour, faire nos enfants ; je veux construire. » L'entretien décisif, la déclaration d'amour dit : « Décidons et fonçons ensemble, nous traiterons ensemble les difficultés qui se présenteront sur notre route, et nous jouirons ensemble de l'existence. L'inconnu vécu ensemble de l'avenir nous attire. Là nous attend le bonheur de toute notre vie. »

Ce n'est ni un pari ni une loterie – tous les amoureux le savent. C'est un espoir qui a les meilleures raisons de se matérialiser. Il engage toutes les dimensions de la personne : sexuelles, affectives, intellectuelles et sociales, aux plans conscient et inconscient. Reprenons-en les étapes.

Nous restons en arrêt devant le mystère de l'amour. Pour la raison, la force de l'attirance est incompréhensible. En effet, le fondement du lien est largement inconscient.

Parler d'inconscient n'est pas une manière moderne de faire de la magie. Le mot « insconcient » n'est pas une étiquette qui permet de se sortir du problème par un tour de passe-passe. L'inconscient n'est pas non plus une boîte de Pandore pleine de mauvais génies, d'obscures pulsions incontrôlables : la vision freudienne est dépassée.

La majeure partie de ce que nous savons est

inconsciente. Par exemple, nous avons appris à lire à l'école. Cela nous avait demandé un gros effort conscient de déchiffrage. Maintenant, nous lisons sans avoir besoin de penser à chaque instant que cette lettre-ci est un *l*, celle-là un *e*, etc. C'est devenu inconscient et disponible à la demande.

De même, j'ai l'habitude d'aller réfléchir et prier en marchant le long de la Manche, sur la plage d'Urville, tôt le matin. En fait, c'est cette plage qui me plonge dans la méditation. Je m'explique. La première fois où j'y suis allé, j'étais focalisé sur mes pensées. Pendant ce temps, mes sens enregistraient l'ambiance : le contact du vent sur la peau, les odeurs de varech, les couleurs et les formes de la mer et des collines. Désormais, les deux sont associés dans mon inconscient : sensations + pensées. Les premières appellent automatiquement les secondes. Dès que mon corps retrouve cette amosphère, mon esprit se retrouve aussitôt en état de réflexion profonde, ayant tout oublié de la maison que je viens de quitter et de l'hôpital où je passerai la journée.

À chaque instant, nos sens enregistrent un nombre considérable d'informations, qui sont stockées dans la partie inconsciente de nous-mêmes. L'inconscient n'en communique qu'une minuscule partie à la conscience, uniquement celle qui est utile aux besoins immédiats de la situation. Mais toutes les dimensions de l'expérience sont engrangées. Dans l'inconscient, elles vont rejoindre nos expériences passées, et être triées, comparées, et classées en fonction de ce qui se trouve déjà dans la mémoire.

Il vous est sûrement arrivé de buter sur la résolution d'un problème. Plus vous y réfléchissiez, moins c'était clair. Vous avez abandonné. Vous êtes allé vous distraire. Au moment où vous vous y attendiez le moins, la solution a fait irruption dans votre esprit. Votre inconscient travaillait aussi sur le problème sans que vous le sachiez, et il vous a fait cadeau d'une intuition. Les découvertes scientifiques sont aussi des intuitions de cette sorte. L'inconscient est un grand réservoir de ressources, de connaissances, de potentialités, et d'expériences.

Le coup de foudre est la forme extrême de l'intuition amoureuse : les deux inconscients ont parlé les premiers, et fort. Ils ont reconnu qu'ils avaient des masses d'apprentissages en commun. Ils ont communiqué cette reconnaissance réciproque aux esprits conscients en leur faisant éprouver le sentiment amoureux, qui est le sentiment d'avoir de grandes affinités. On sait qu'on est amoureux, mais on ne sait pas pourquoi.

Depuis longtemps, les mariages de raison organisés par les familles ont disparu. Pourtant, les mariages actuels se font le plus souvent dans les mêmes classes sociales. La raison doit être cherchée du côté de l'inconscient. Ces couples ont plus de chance d'avoir des apprentissages communs que si chacun des partenaires sortait d'une classe différente. Quand les inconscients se reconnaissent, ils font naître le sentiment amoureux. Les psychanalystes montrent même que les unions qui se découvrent les plus mal assorties par la suite ne se sont pas faites au hasard. La raison est encore inconsciente.

Le sentiment amoureux, fruit d'un travail inconscient, est la première étape qui rend possible la seconde, plus volontaire. Il ouvre chacun à son exploration par l'autre. Si le résultat de celle-ci est négatif, il se fane. Sinon, il se renforce et se transforme en une véritable amitié. Avec l'amitié, vient la confiance. Être confiant en l'autre est autrement plus riche que d'en être amoureux. La confiance ne trouve matière à s'exercer que dans le doute. Tout changement amène des craintes, et celui-ci est le plus important de la vie. Dans l'amour, l'amitié grandit jusqu'à ce que la confiance soit plus forte que les incertitudes persistantes. Elle atteint un jour son point de fusion : les amis amoureux se marient.

Ce moment, tous les ménages heureux s'en souviennent. Comment oublier cet instant où il me trouve si digne de sa confiance qu'il se donne à moi pour toujours ? Comment oublier nos deux regards ? Cette seconde précise du « oui » nous fait ensemble sortir de l'adolescence et entrer dans l'âge adulte. À partir de maintenant, la qualité et la quantité de notre travail commun décidera de la réussite de notre mariage. Que l'on n'impute donc pas tous les échecs familiaux à une erreur sur la personne le jour du mariage.

Le mariage est la décision fondatrice. Il est un point de repère visible grâce auquel il y a un avant et un après reconnaissables. Il oblige la génération précédente à nous reconnaître le droit de délimiter le territoire sur lequel nous bâtirons notre œuvre. Refuser de prendre cette décision majeure est une prudence de petit vieux blasé de la vie.

Un bon démarrage sexuel

La banalisation sexuelle est un échec. Tout a été fait pour que le sexe apparaisse comme une fonction physiologique ordinaire, comme la digestion. La dégustation sexuelle serait simplement plus délicieuse que celle d'un bon plat. Ses recettes ont été mises en vente libre pour ouvrir l'appétit. On n'a abouti qu'à un plus grand tourment des adolescents et des parents. Voilà encore une erreur qui se détruira d'elle-même, après avoir causé pas mal de dégâts.

Pour réussir sa famille, le couple fondateur doit consacrer beaucoup de soins à sa sexualité. Il ne se préoccupe pas de bizarreries glandulaires. Cela, n'importe qui le trouve sur papier glacé au kiosque voisin. Un couple épanoui vole un peu plus haut. Chacun veut exprimer à l'autre par son corps ce que son cœur ressent pour lui.

À défaut, on resterait dans une sexualité adolescente qui ne serait pas parvenue à intégrer cœur et corps. Les adolescents se partagent longtemps entre amour du cœur et amour du corps. L'un est propre, l'autre sale. La fille qu'on peut envisager d'« avoir » n'est pas une « fille bien ». À une autre, mise sur un piédestal, est réservé un amour platonique et passionné. Aux fantasmes du garçon correspondent ceux de la fille. L'intégration se fait peu à peu. Il est important de la laisser suivre son rythme naturel. Elle s'achève avec le mariage. Apprendre le comportement sexuel humain complet ne se fait pas en un jour.

Actuellement, les premières relations sexuelles sont volontiers précoces. Ceux qui n'en ont pas eu tôt font figure d'imbéciles complexés. Sont-ils imbéciles ? Je ne sais pas. Complexés ? Sûrement, tant le conformisme social exerce sa pression. Dans sa souffrance silencieuse, le puceau est le premier à se juger impitoyablement « inhibé sexuel ». Adolescent, il est obsédé de sincérité. Quand de hautes valeurs religieuses le conduisent à ne pas tenter d'aventure, il se demande si sa foi n'est pas un alibi malhonnête. Serait-il capable de faire comme les autres s'il n'avait pas cette foi ? En s'abstenant, ne cherche-t-il pas à se cacher sa timidité ou son inadéquation à la vie ?

À cet âge, les parents ou des adultes admirés ont une influence cruciale. Il est hypersensible à leurs attitudes et leurs insinuations. Si celles-ci lui montrent que ceux qu'il vénère le jugent inhibé, donc pas à la hauteur, elles l'enfonceront dans sa souffrance.

Les parents inquiets parce que leur enfant n'a pas encore de petit(e) ami(e) ont une vieille histoire. Des années avant, ils se tracassaient parce que bébé ne faisait pas encore sa crotte sur le pot, ensuite parce qu'il ne parlait pas encore. Qu'Einstein n'ait parlé qu'à quatre ans n'émeut pas ce genre de parents indiscrets. Maman aimerait exhiber son singe savant, qui, à deux ans, parle latin, hébreu, anglais, et qui, à dix-huit, amène à la maison sa treizième petite amie. Dans le cas des filles, on se contente d'un moins grand nombre de copains ! Cependant, demain matin, après le passage de la copine, maman changera les draps. Là, en secret, maman ressentira un furtif malaise, dont elle détournera son attention en mettant rapidement les draps dans la machine.

Revenons à notre « inhibé ». Calmons-nous. Faisons-lui confiance. Il n'a pas de preuve à nous donner. Laissons-le aller à son rythme. Il apprend à maîtriser des rafales d'émotions plusieurs fois par jour, à gérer plaisir et crainte, à concilier des fantasmes impressionnants de crudité avec les valeurs les plus hautes. S'il se masturbe, ne nous faisons pas trop de souci : cela aussi se passera. Dans la société actuelle, il reçoit beaucoup de stimulations sexuelles. Il les décharge, et il n'a encore que cette issue à sa disposition. Le processus d'intégration est en route. En fait, sans le savoir, il a compris l'importance de bien réussir le démarrage de sa vie sexuelle. Il ne veut pas prendre de faux départ.

Des faux départs, il y en a. Des jeunes prématurément désabusés du sexe, il y en a. Le dixième départ peut être le bon. Une bonne partie des neuf échecs était de trop. Les adultes adolescentriques qui encouragent les « expériences » ont oublié leur jeunesse et ne se soucient pas du coût émotionnel que paient leurs enfants. Dire : « Il faut bien que jeunesse se passe » est un peu court. Les amours déçues font partie de l'apprentissage de l'amour. Elles sont souvent sur le chemin qui conduit à l'homme ou à la femme de sa vie. Elles sont assez douloureuses pour n'être pas compliquées par des relations sexuelles précoces, quand l'intégration n'est pas faite.

Je n'ai jamais rencontré personne qui ait oublié avec qui il a fait l'amour pour la première fois. Ces premiers rapports ne sont pas seulement une question d'hormones, d'amusement ou même de tendresse. Tout l'être est engagé. J'ai reçu des centaines de confidences de garçons de dix-huit à vingt-cinq ans, de tous les milieux sociaux. Ils entouraient leur évocation de tant de pudeur que j'ai dû modifier ma technique d'entretien qui était trop brutale, malgré des précautions que je pensais suffisantes. Je n'ai pas de statistiques à vous offrir, mais une impression clinique qui mériterait d'être précisée par un travail plus scientifique.

Résultat pour un dépucelage entre quatorze et dix-huit ans : la désillusion. Plus le premier rapport est tardif, moins intense est la déception. Plus il est précoce, plus le garçon est choqué par l'aspect physiologique de l'acte sexuel. Souvent, il n'a aucun plaisir, ou moins que quand il se masturbe, ce qui le rend perplexe. Fréquemment, le rapport est en cachette, précipité, avec le sentiment de faire une grosse bêtise. En mangeant du fruit de l'arbre défendu, il pensait devenir comme un adulte. Il reste comme un gosse hébété avec un problème d'adulte sur les bras. La tentation devient grande de fuir en avant et de multiplier les expériences, jusqu'à ce le goût amer en disparaisse.

J'ai interrogé des dizaines de femmes adultes en thérapie. Quand je retrouvais un rapport précoce, il était plutôt suivi d'une méfiance durable de la sexualité.

Encore une fois, ces impressions cliniques ne résument pas toute la réalité des rapports sexuels précoces. Bien des facteurs sont en jeu. Néanmoins, elles me paraissent suffisantes pour décourager les adolescents de s'y engager.

Si les cahots de la route ne sont pas trop forts, l'intégration corps-esprit dans le sexe se fait parce que le cycle de vie avance. L'amertume ou la méfiance finissent par disparaître. Si les cahots sont trop forts, ils renversent l'adolescent qui reste sur le bord de la route. Avoir connu des dizaines de corps différents, en ayant une estime et une tendresse très variables des partenaires, prédispose peu à l'enthousiasme pour une personne unique, pour toute la vie.

Il est assez facile de l'expliquer à un jeune. Il le sait déjà, il le sent, il est soulagé de l'entendre. L'adulte a les mots et l'expérience pour le dire, pas lui. Il est reconnaissant d'avoir une direction claire pour sa conduite au milieu de ses bouillonnements. S'il en a besoin, il doit pouvoir rencontrer une barrière solide qui le retienne d'élans mal maîtrisés. Cela se pratique dans une famille épanouie où chacun est à sa place. La barre est dans la main des parents. Elle doit y rester. L'autorité est une question de service rendu.

Alors, les enfants traversent l'adolescence et deviennent des jeunes gens capables, le jour venu, du zeste de passion, de la petite dose d'inconscience, de l'enthousiasme qui rendent les mariages heureux.

Le mariage

Le jour du mariage est celui du grand départ pour l'avenir. Les mariés embarquent pour une direction inconnue. Ils prennent la route du bonheur. Dans leur navigation, l'amour est leur boussole, et leur bonne volonté, le moteur du bateau. Il semble que c'est bien peu. Mais combien d'entreprises humaines réussiraient mieux si elles avaient déjà ces simples ingrédients au départ : amour et bonne volonté !

2

Les débuts de la famille

L'intimité des conjoints

L'activité sexuelle des conjoints est le fondement caché de la famille, puisque d'elle viennent les enfants. Elle modifie les personnalités des époux, et témoigne de la vitalité de leur couple qu'elle stabilise et mûrit. Elle est source d'équilibre pour la famille entière. La vie n'est pas compartimentée en trois tiroirs, vie professionnelle, vie familiale et vie sexuelle, qui seraient étanches entre eux. Des époux heureux au lit se mettent plus facilement d'accord sur l'éducation des enfants et sont plus dynamiques professionnellement. Pour parvenir à concilier des points de vue contradictoires sur des problèmes domestiques, ils doivent faire preuve d'une délicatesse dont ils reçoivent les bénéfices au lit. S'ils ont un métier épanouissant, ils ont plus de joie sexuelle. C'est pourquoi je ne crains pas d'insister sur le sujet à cette nouvelle étape du cycle de vie.

Au début, les amants s'extasient sur leurs ressemblances. Avec la vie en commun, les surprises ne tardent pas. Ernestine et Adolphe ne sont pas d'accord sur le choix des papiers peints ; Adolphe veut du café le soir, ce qui étonne Ernestine ; Adolphe a une façon de se gratter le nez qui horripile Ernestine. Le lit conjugal est le lieu essentiel de ces surprises. Les différences de sensibilité dévoilent quelque chose des différences d'âme. L'autre apparaît bien plus mystérieux qu'on ne le pensait. Ces surprises sont autant de chances pour l'accroissement et l'approfondissement de l'amour. Elles appellent à l'exploration de l'inconnu.

L'Antiquité ignorait l'expression « relation sexuelle », inventée par des spécialistes modernes, moins sages mais plus techniciens. La Bible dit : « Abraham connut sa femme Sarah. » C'est plus concis et plus dense. L'acte sexuel est une façon de découvrir toujours plus son conjoint.

L'intelligence a besoin d'informations pour connaître son objet, et plus elle en a, mieux elle le connaît. Nos cinq sens les lui donnent. Dans l'acte conjugal, les sens sont stimulés comme dans aucune autre situation humaine, et d'abord le premier de tous, le toucher.

Pour se découvrir, les conjoints se rapprochent sans effort, parce que l'activité sexuelle est agréable. En offrant leur corps à l'autre, c'est eux-mêmes qu'ils lui offrent. Ils s'ouvrent pour être « lus à l'intérieur », ce qui est d'ailleurs l'étymologie du mot « intelligence » (*intus legere*). L'amour donne la confiance pour s'ouvrir. L'échange sexuel, lieu principal de découverte des différences, est donc aussi le meilleur moyen pour les époux de se connaître, comme le savent tous les couples épanouis.

La vie sexuelle évolue donc naturellement avec le cycle de vie. Dans les débuts, elle est souvent hésitante. Alors qu'ils s'aiment tant, leurs faibles performances sexuelles les décontenancent parfois. Ils se posent bien des questions. Savent-ils faire l'amour ? Sont-ils vraiment accordés l'un à l'autre ? Mais c'est pour l'apprendre qu'ils se sont mariés ! Le « permis de famille » leur donne le cadre pour apprendre à se mettre sur la même longueur d'ondes, jour après jour. Il faut un peu de temps, qu'ils trouvent dans la stabilité du mariage.

En « faisant l'amour », qu'ils n'aient pas d'autres objectifs que de s'aimer, sans rien chercher d'autre. Qu'ils laissent tomber techniques et performances, qu'ils soient simplement heureux d'être ensemble, qu'ils s'amusent comme des enfants, et je leur garantis le résultat ! Au besoin, ils peuvent s'aider en rayant délibérément de leur vocabulaire l'expression si vilaine « faire l'amour », et en la remplaçant par « s'aimer ». Au lieu de penser : « Quand nous faisons l'amour », qu'ils pensent : « Quand nous nous aimons. » Au lieu de dire : « Je veux te faire l'amour », qu'ils disent : « Je veux t'aimer. » Cela sonne mieux, n'est-ce pas ?

Ayant réussi à couper la « fonction sexuelle » de la « fonction reproductive », le monde moderne nous dit avoir remporté une grande victoire. La contraception serait la clef du bonheur du couple, permettant d'avoir un enfant « quand je veux et si je veux » – selon le slogan encore à la mode : d'abord, le plaisir ; ensuite, quand et si j'en ai envie, l'enfant. Cela suppose que le bonheur est plus dans l'acte sexuel que dans l'enfant ; ou, du moins, qu'avoir accumulé une certaine somme de satisfactions affectives et sexuelles est indispensable avant de pouvoir envisager un enfant. Le couple doit être assez mûr pour prendre un pareil risque. Nous y revoilà : nous retrouvons la prudence des blasés de la vie. Bien sûr, je pense le contraire d'eux.

Les inventeurs de la contraception ne se sont pas arrêtés aux évidences inscrites dans le corps. L'utérus suit le vagin. Le premier berceau de bébé l'attend. Chaque relation sexuelle correspond à l'émission de millions de spermatozoïdes, millions de « demi-êtres humains » candidats à l'unique ovule mensuel. Comme par hasard, la période où la femme produit cet ovule est aussi celle où elle est la plus séduisante. La même imprégnation hormonale commande désir sexuel et fécondité. Plutôt que de vouloir casser chimiquement ces subtils équilibres, je plaide pour une écologie sexuelle raisonnable, modeste et délicate.

L'enfant est le fruit naturel de la sexualité d'un homme et d'une femme, et il épanouit la sexualité de ses parents.

En me servant de mon corps, j'apprends comment il fonctionne, à quoi ses organes me servent, et ce qu'ils peuvent accomplir. Dans cette expérience, j'apprends finalement qui je suis, parce que ce corps, c'est moi. Le nourrisson découvre que ses jambes ne sont pas de purs ornements, mais qu'elles lui permettent de marcher. De l'inconfort de la faim et du plaisir de la satiété, le même nourrisson apprend qu'il a un estomac et que celui-ci sert à entretenir et construire son corps.

Le couple amoureux a besoin d'apprendre que ses échanges sexuels lui servent à avoir un enfant. C'est une chose de le lire dans les livres, c'en est une autre de faire l'expérience de la paternité et de la maternité. Autour du berceau, le vagin de Madame et la verge de Monsieur prennent tout leur sens. Rentrant dans leur chambre après la visite, il est bien possible que Monsieur et Madame aient très envie de faire l'amour.

Une femme aime plus tendrement l'homme qui a eu assez de confiance en elle pour en faire une mère. Un homme aime plus tendrement la femme qui a eu assez de confiance en lui pour en faire un père. Grâce à cette confiance, toute une dimension cachée de soi se révèle. L'enfant est lui-même un inconnu qui se révèle peu à peu. Il éveille en chacun de ses parents des capacités encore inconnues d'eux. L'admiration réciproque grandit, la sexualité s'approfondit.

Dans les familles malades, les époux croient tout savoir l'un de l'autre : « C'est toujours la même chose. Si je dis cela, il va réagir mal, je finis par le connaître. » Même dans un ménage heureux, de telles pensées sont inévitables, à certaines occasions. Ici, elles sont permanentes. La confiance a abandonné le foyer, et on l'a laissé partir. Le regard sur l'autre se blase. Il ne faut pas espérer sauver le couple, donc la famille, par le lit, parce que celui-ci échappe encore moins au regard blasé : on y est à nu. Des conjoints qui chercheraient à sauver leur union par le sexe, risqueraient fort de se retrouver avec « un problème sexuel » en plus, qui est un alibi excellent pour se séparer. Le sexe n'est pas une solution, l'amour en est une.

Quand la confiance se perd, se perd le plaisir. Les épouses trompées, et qui s'en doutent, sont frigides, mais elles ne font pas toujours le lien entre les deux. Très malheureuses, elles sont convaincues d'être incapables d'avoir du plaisir ; elles considèrent qu'elles ne sont pas des « vraies femmes ». À des réflexions indirectes, le médecin comprend qu'elles ne sont pas sûres de la fidélité de leur mari. Quand le point est soulevé, elles s'effondrent et s'imputent la responsabilité de l'adultère du conjoint : femmes « incomplètes », elles n'ont pas su retenir leur mari ; il était si insatisfait avec elles !

Allez leur expliquer qu'elles doivent prendre la question en sens inverse ! Essayez de leur démontrer qu'elles sont frigides parce qu'elles n'ont plus confiance en leur mari ! Ce sera très dur.

Certaines de ces femmes vous renverront même dans vos buts : « La preuve que j'ai un problème, c'est que je n'ai jamais eu de plaisir » (sous-entendu : Je suis frigide depuis toujours). Le « jamais eu de plaisir » relève de plusieurs possibilités.

– La première : en matière sexuelle, le mari a toujours procédé à la hussarde. Il croit, par ignorance ou mauvaise foi, que cette manière est la bonne. Quand il fait l'amour, il part à l'assaut. Elle n'a jamais voulu ou osé lui demander de faire autrement, par crainte qu'il soit déçu, ou pour lui faire plaisir, ou par ignorance. Quand il avance le manque de tempérament de son épouse comme alibi de ses escapades, elle est piégée.

La manière générale d'être d'un couple est la même au lit qu'en dehors. Si, dans la journée, ils n'ont aucune attention l'un envers l'autre, ils n'en auront pas plus au lit ; si, habillés, ils ne font pas d'effort pour se communiquer clairement leurs besoins, ce ne sera pas mieux dans la chambre conjugale. C'est le couple qui est frigide, froid. L'amour se fait d'abord dans les choses de la vie quotidienne. Il a besoin d'être soigneusement entretenu.

– La seconde est une crainte de la sexualité. Hormis des cas névrotiques, celle-ci est banale. Comment, si l'on n'est pas une brute, ne pas avoir une certaine appréhension du corps de l'autre ? Ce corps si différent attire, mais dit en même temps, si proche, l'inconnu.

L'homme est un étranger pour la femme. Elle aime cet étranger. Elle doit l'accueillir, sans très bien savoir comment il va se comporter chez elle. Elle doit éduquer son hôte aux bonnes manières, celles qui ont cours dans son pays. Elle doit se le familiariser peu à peu. Elle voit aussi beaucoup plus loin que l'homme, car la maternité se passe dans son corps. Son attitude sexuelle est imprégnée de cette connaissance inconsciente. Elle a besoin de sécurité. Sa bonne volonté, celle de son mari, et la stabilité du mariage la lui donnent. Quand une famille vit dans l'énervement, il y a fort à parier que la mère n'a pas de sécurité sexuelle. Au contraire, si elle l'a, l'ambiance familiale devient paisible.

La femme est une étrangère pour l'homme, qui est volontiers dérouté par ses réactions imprévisibles. Il y perd sa logique. Par exemple, satisfaite de relations où elle n'a pas eu d'orgasme (quel vilain mot), elle passe très vite sur celui qu'elle a eu, comme s'il était accessoire. Comme le mariage est dans la durée, il peut, s'il le veut, c'est-à-dire s'il l'aime, partir à la découverte du continent inconnu qui s'offre à lui.

À défaut, il risque de penser que sa femme ne réagit pas comme lui parce qu'il n'est pas à la hauteur, qu'il ne sait pas s'y prendre, et qu'il doit faire mieux. Les rapports conjugaux se transforment en une vérification inquiète de ses capacités. Comme l'anxiété est le plus puissant antagoniste de la sexualité, alors, sûrement, ses performances baissent. Ses échecs ou semi-échecs le confirment dans l'idée qu'il n'est pas à la hauteur, et le poussent à vérifier encore. Il a de nouveaux échecs, et vérifie encore. En fait, il s'obnubile sur lui plutôt que de s'intéresser à sa femme, d'où viendra la solution. Ève ne déteste pas les performances d'Adam, mais elle aime bien avoir son mot à dire. Vient un moment où la suffisance du mâle l'agace. La sexualité n'est pas du lancer de javelot. Qu'avec modestie notre homme se mette à l'école de sa femme. Qu'il en apprenne la tendresse. Elle lui donnera petit à petit la sécurité dont il manquait.

Que les jeunes mariés le sachent donc, ou sinon, dites-le-leur : la sexualité des débuts du mariage n'est que l'aube de la vie sexuelle. S'ils veulent bien collaborer avec le cycle de la vie familiale, suivra une resplendissante journée ensoleillée que, seule, la mort viendra clore. Pour marcher sur la route de la vie, mieux vaut ce délicieux soleil de printemps que l'orage et la tempête. Sur cette route, il y a des obstacles. Devant un obstacle, on peut renoncer et partir, déçu, chacun de son côté, ou bien unir ses forces pour passer. Tous les couples des familles qui ont pris la deuxième solution vous diront que la sexualité sort renforcée des épreuves familiales.

Quand avoir le premier enfant ?

Jusqu'à peu, quand des jeunes gens se mariaient, il s'attendaient, et leur entourage, à l'arrivée normale d'un enfant dans les mois suivants. Avec la contraception, le couple peut « programmer » les naissances. Ce qui semble une liberté nouvelle est une très lourde responsabilité. Comment décider du moment optimal ?

On peut décider du meilleur moment pour acheter une maison ou un réfrigérateur. Si l'on se trompe, on a, au pire, gâché de l'argent, et on s'en remet assez facilement. Mais un enfant, un homme ?

Si l'on a attendu d'avoir réuni les meilleures conditions pour son arrivée, on attendra aussi beaucoup de lui : qu'il soit de bonne qualité, beau et intelligent ; qu'il fasse des études, et plus tard qu'il ait des amours à la hauteur du rêve des parents.

Tous les parents rêvent ainsi pour leurs enfants. Ils en ont le droit. La vie se charge de les réveiller. L'enfant a des réactions, des aspirations et des potentialités qui n'existaient pas dans le rêve.

Une trop longue attente hypertrophie le rêve qui se développe sans être confronté à l'enfant réel, puisqu'il n'est pas là. Quand il sera arrivé, il lui sera difficile de faire entendre sa petite voix : son rival imaginaire est plus séduisant que lui qui est chargé d'une mission impossible, celle de coller constamment à celui-ci. Bien des degrés sont possibles dans cette situation, degrés dans le malheur ou, ce qui est identique, dans la folie.

Je ne suis ni inconscient ni fataliste. Je n'ai pas pour idéal que les enfants naissent n'importe quand et à n'importe quel moment. Je réclame une spontanéité plus naturelle et plus vivante. Je réclame un peu moins de maîtrise sexuelle et un peu plus de liberté amoureuse. Quand deux adultes s'aiment, il est sain que leur premier enfant naisse dans la foulée de leur union, dans l'enthousiasme de leur amour, donc rapidement. Au lieu de se replier sur eux, les époux partent aussitôt à la découverte de leur enfant, et leur amour s'approfondit. Ils s'intéressent plus à lui qu'au rêve qu'ils en auraient. Ils ont un espoir : celui de parvenir à saisir si bien ses jeunes potentialités qu'ils l'aideront à toutes les réaliser. Si cet espoir est un rêve, celui-ci est fécond et conduit au bonheur.

La contraception contrôle la conception. Le contrôle est souvent le contraire de la liberté. On voit des névrosés tenter de maîtriser totalement les impondérables de la vie, qui les angoissent. Dans ce but, certains se constituent des emplois du temps très rigides, ce qui n'empêche évidemment pas les imprévus de survenir. Ils en concluent qu'ils ne se sont pas assez contrôlés, et ils rigidifient plus leur emploi du temps. La vie échappe aux bureaucraties que nous cherchons à plaquer dessus pour la maîtriser. Bien vivre, c'est gérer le désordre créatif de la vie ; pas le subir, le gérer. J'appelle aussi cela « collaborer activement avec le cycle de la vie familiale ». Si vous savez faire autrement, dites-le moi.

Pour qu'un couple soit heureux dans sa famille, il ne doit pas la piloter comme la NASA quand elle envoie une fusée dans la Lune. La NASA calcule tout : trajectoire, vitesse, risque de collision avec des météorites (ici, les enfants), et toutes les possibilités de panne. L'échec est assuré.

J'ai plusieurs exemples d'époux qui ne voulaient pas d'enfants avant d'avoir chacun une situation financière stable et une maison digne d'accueillir le prince héritier. Quand, des années plus tard, ces très raisonnables conditions furent réunies, l'enfant ne parut point, malgré les tentatives de Monsieur et Madame. Une ancienne inquiétude inavouée n'avait plus de porte de sortie honorable. L'ovulation de Madame s'était bloquée en dernier recours. Il n'a pas toujours été aisé de la débloquer.

Une expérience fréquente dans les Centres d'étude et de conservation du sperme (CECOS) vaut la peine d'être citée. En désespoir de cause, un couple stérile décide de recourir à l'insémination artificielle. La candidature est acceptée par le CECOS. Le couple est mis sur liste d'attente, parce que les demandes sont trop nombreuses pour être satisfaites immédiatement. Dans l'esprit des conjoints, quelque chose a changé : ils sont sûrs maintenant d'avoir un enfant. Le temps à patienter n'est rien à côté de cette quasi-certitude. Puisqu'ils vont avoir un enfant, ils s'aiment avec une tendresse rajeunie. Ils sont débarrassés du poids qui pesait sur leurs relations conjugales depuis tant d'années. En s'aimant, ils s'amusent... et font un enfant. Ils l'ont au moment où ils s'y attendaient le moins. Les statistiques des CECOS qualifient ces grossesses imprévues de « spontanées ». L'adjectif est assez froid, mais finalement assez drôle et assez vrai.

La grossesse

Quand elle attendait nos jumeaux, ma femme prétendait en riant (ou en soufflant) qu'elle ne pouvait plus passer une porte. La grossesse transforme la femme en largeur. Elle la transforme surtout en profondeur.

La maternité n'est pas une simple fonction, comme dit le jargon psychosociologique. Elle n'est pas un rajout accidentel à l'être de la femme, ni un attribut d'usage facultatif. Elle est dans ses fibres. En devenant mère, la femme accomplit une capacité constitutive de son être. Elle se réalise.

Le lien mère-enfant est le plus fort de tous les liens humains. Il commence à la conception et ne cessera jamais. Souvent, la femme pressent qu'elle est enceinte avant de le savoir par les tests biologiques. Le lien est déjà établi. En se développant, il provoque un remaniement immédiat et croissant de son corps, mais surtout de son psychisme.

Au premier trimestre, elle est un peu vulnérable. Le bébé met en place ses organes essentiels, et elle subit des modifications physiologiques dont certaines lui causent de la gêne (nausées, hypotension). Cette gêne lui souligne l'importance et l'irréversibilité de ce qui se passe en elle. Elle peut être prise de craintes pour lesquelles elle a besoin de la tendresse de son mari.

Les symptômes disparaissent. Bébé a tout mis en place. Il grandit, et maman s'arrondit radieuse. Elle est en pleine forme, à tous les sens du terme. Papa voudrait la freiner. Il craint que, dans son état, elle ne se fatigue. Peine perdue. Son bébé l'a hypnotisée, et l'état hypnotique est un état très confortable dans lequel on peut faire toutes sortes de choses amusantes et intéressantes. Elle se souviendra toute la vie de la première fois où il a bougé dans son ventre : le petit homme est bien là ! Papa se sent parfois un peu à l'écart de ce bonheur : il commence à apprendre qu'on est trois, et plus deux à la maison. Maman et bébé ont droit à ce dialogue silencieux.

En fin de grossesse, elle se fatigue vite. Bébé devient encombrant et lourd à porter. Papa doit l'aider un peu plus dans les tâches ménagères. Elle a des appréhensions concernant l'accouchement. Il est important qu'elle suive des séances de préparation : de l'information et quelques exercices de respiration et de relaxation lui permettent de dissiper tout ou partie de ses craintes. Mais cela ne serait rien sans les câlins de Monsieur.

Parlons de lui, parce qu'il se transforme aussi en devenant père. Comme on l'a vu, il lui est demandé beaucoup, et il n'est pas non plus rassuré par l'accouchement. Il n'est qu'à moitié content d'y être présent. Pourvu qu'il ne s'évanouisse pas ! Désolé, mon vieux, il faut tenir !

Je me souviens d'un jeune marié que j'ai hypnotisé simplement en lui parlant du ventre de sa femme enceinte ! Certains maris sont si émus qu'ils développent des symptômes de grossesse : ils sont enceints. La « couvade » – tel est le nom donné à ce phénomène – montre que la naissance d'un enfant n'est pas qu'une affaire de femmes ! Notre culture reconnaît moins cette sympathique crise masculine que d'autres, qui exigent du mari qu'il mime toute la grossesse et même l'accouchement de sa femme.

Des esprits chagrins et des femmes délaissées me diront que les pères indifférents à leurs enfants sont légion. Prenez cependant le nombre de pères qui vivent dans leur famille et élèvent normalement leurs enfants. Ajoutez-y le nombre de pères divorcés qui en réclament la garde à cor et à cri. Le total obtenu est largement supérieur à celui qui m'est opposé.

J'ai aussi dans la mémoire deux pères gravement déprimés parce que le juge leur refusait la garde des enfants. Dans un des cas, l'ex-femme qui s'en occupait était déséquilibrée. Elle fréquentait assidûment des bars louches, rentrait chez elle en triste condition, incapable de faire un repas, ou de regarder un devoir. Les enfants étaient à l'abandon. Le père avait une grande maison, et – à mon jugement – les qualités personnelles requises. Désespéré de savoir ses enfants dans une ambiance malsaine, il voulait les reprendre pour les élever correctement. Le juge a préféré les confier à la Direction départementale des Affaires sociales. Des éléments décisifs d'appréciation me manquent sûrement. Je pense en fait que la dépression du père a joué contre lui : il aurait dû se présenter à l'enquête sociale avec un grand sourire. Ubuesque !

La communauté familiale est née autour du ventre maternel. Déjà, en ces neuf mois, que d'échanges d'amour entre trois personnes : une femme s'accomplit en donnant une vie qu'elle reçoit d'un homme ; un bébé hypnotise sa maman ; un homme apprend tantôt à prendre les rênes pour soutenir sa femme, tantôt à se retirer et contempler un mystérieux dialogue auquel il n'a pas part. L'amour et la bonne volonté font des miracles. Les miracles ne font que commencer.

Une crèche pour bébé

Les parents du jeune couple ont contribué à l'organisation du mariage, et souvent à la location et à l'aménagement de son premier appartement. C'est pour eux une manière de passer en douceur à l'étape suivante du cycle : ils aident les enfants à les quitter. Ils n'ont pas subi la séparation. Ils l'ont accompagnée de leur mieux. Ils font ainsi le deuil de la présence des enfants chez eux.

Quand bébé s'annonce, le jeune couple sait qu'il n'est plus une association transitoire et investit les lieux d'une façon nouvelle. Bébé a besoin d'un endroit protecteur pour être nourri et élevé à l'abri des dangers. L'appartement devient crèche. Celle-ci peut être provisoire, comme le fut celle d'un autre enfant qui s'annonçait dans les pires conditions à Bethléem. On déménage souvent à l'occasion du premier enfant.

Quand la famille s'agrandit, on déménage encore. Très vite, on achète une maison. La plupart des familles françaises sont propriétaires. Elles préfèrent avoir leur toit bien à elles que de louer celui d'un étranger. La nichée est mieux protégée contre les prédateurs. Elle a un vrai foyer.

L'homme est ici en contact avec ses racines animales. Chaque mammifère a son territoire, utile pour sa survie et sa reproduction. Pourquoi nous distinguerions-nous ? Le cycle de la vie familiale est naturel.

> L'investissement du territoire montre que les « modèles de l'institution familiale » ne varient pas à l'infini. Prenons l'une de ces fantaisies dont nous avons déjà parlé, l'union libre. Les partenaires veulent être libres de toute contrainte face à l'avenir. Franck et Christelle sont ensemble depuis trois ans. Leur vie est merveilleuse : ils sortent en boîte, font de la planche à voile, de la gym, du vélo, et partent en week-end chaque semaine. Leur « apart » est « sympa » pour recevoir les copains. Ils ont un canapé, « sympa » aussi, pour regarder une cassette vidéo en caressant la tête du chien, ou pour faire tout autre chose jusque tard dans la nuit... Leur vient l'idée que leur plaisir serait plus complet s'ils avaient un enfant : ce serait « sympa » aussi. Ils jouent quelque temps avec cette idée. Sans qu'ils le sachent, cet amusement est dangereux ! Ils sont plus souvent distraits, rêveurs, et absorbés qu'autrefois.
>
> Un matin, Christelle se lève et annonce à Franck qu'ils vont retapisser l'appartement. Il faut aussi poser les voilages qui manquaient depuis toujours. Bizarre : Franck est enthousiaste à la pensée de passer son samedi dans les magasins de tissus et de papiers peints, et les semaines suivantes à bricoler. Pourtant c'est l'été, la planche à voile est dans l'entrée, et les copains tout près. Franck passe un mois exténuant sur son échelle, mais il est curieusement heureux. De là-haut, il trouve même que sa planche à voile serait plus à sa place à la cave. Quitte à refaire l'appartement, autant qu'il soit en ordre. Le

soir, il est trop fatigué pour sortir ou recevoir les amis, mais cela ne lui manque pas.
Bizarre... Quelque chose se prépare. Sont-ils encore juste des copains dont rien n'est venu limiter la sainte liberté ? Ne leur dites pas, ils prendraient peur. Assurez-les qu'ils sont libres puisqu'ils ne sont pas mariés. Mais, il est vrai, on dit : les « filets » de l'amour, et on chante : « Amour, quand tu nous tiens. » On est pris par l'amour. Pourtant, les amoureux et les parents heureux ne s'en plaignent pas. Se sentiraient-ils libres ? Le cycle de la vie familiale est vraiment très fort.

Dans les cinq premières années

Soit maintenant une famille dans ses cinq ou six premières années. Elle a un ou deux enfants, parfois trois. Cette période où ils sont petits est l'époque de la consolidation de la construction. Il faut continuer à marcher de l'avant, et ne pas regarder en arrière aux premières difficultés.

Les jeunes parents découvrent que la joie d'une naissance n'arrive jamais isolément. Le trésor vient au milieu de mille événements banaux, tragiques et heureux, familiaux, professionnels et politiques. Le jour de l'accouchement, papa peut avoir une grippe, bon-papa décéder, la belle-sœur réussir le concours de l'ENA, et le mur de Berlin s'écrouler. Bébé n'est le centre du monde que pour ses parents.

En rentrant de la maternité, où elles ont vécu un événement extraordinaire, les mamans sont souvent décontenancées : la vie ordinaire reprend. Elles font les courses, la cuisine et le ménage comme avant. La quantité de travail s'alourdit, la régularité reste la même. Dites-leur que le bonheur est ainsi : il surgit en plein banal. À nous d'apprendre à le saisir. La naissance n'arrête pas le temps, qui va de l'avant.

Maman a quitté son métier pour en trouver un nouveau, auquel elle n'était pas préparée : essuyer des derrières, changer des couches, donner des bains, et enfourner des petits pots. Elle est fatiguée : personne mieux qu'elle ne sait à quel point les baignoires sont basses. L'horizon lui paraît limité. Ses relations d'autrefois lui manquent. De la vie professionnelle, elle n'a que les échos donnés par son mari, qui, lui-même, est en train de se battre pour se faire une position. Elle est prise de nostalgie.

Quand je vois des femmes dans cet état, je leur apprends à se transporter dans le temps. Je les laisse imaginer l'avenir : les enfants grandis, leur emploi du temps libéré. Ont-elles assez pensé au moment qui arrive bientôt où les bambins iront tout seuls à l'école ? Que feront-elles de leurs journées ? Je leur demande de faire comme si elles étaient déjà dans ce futur, et de regarder aujourd'hui comme passé. Regarder aujourd'hui comme passé n'est pas faux, puisque le présent est une indéfinissable et fugitive frontière entre passé et avenir. Qu'elles ne se trompent pas. Avoir un enfant petit n'arrive qu'une fois par enfant dans la vie d'une mère. Qu'elles profitent donc d'aujourd'hui, sans laisser le temps leur filer entre les doigts.

Attention, belle-maman arrive !

À cette époque, la jeune famille n'a pas encore établi solidement ses règles et ses rites de fonctionnement. Les premières habitudes se prennent à peine. Étant en pleine organisation, elle est plus vulnérable aux intrusions de l'extérieur. Elle doit surtout apprendre de nouveaux rapports avec la génération du dessus, qui est désormais pour elle l'« extérieur ».

Aux premières disputes conjugales, il est parfois dur pour la jeune femme de ne pas chercher du réconfort auprès de sa mère. Beau-père, voyant son gendre peu bricoleur, colonise la maison, de la cave au grenier, marteau et tournevis en main, toutes les fins de semaine. Belle-mère appelle tous les jours pour connaître le menu de bébé. Grand-père pense que quelqu'un qui a charge de famille doit être prévoyant, et il ouvre un compte sur livret au nom de son fils sans lui demander son avis.

Pour savoir si des grands-parents sont intrusifs, je me fie à ce qu'ils racontent. Les mots trahissent. S'ils disent habituellement : « la maison de ma fille », ou « je vais chez mon fils », ils sont probablement intrusifs. Ils n'en ont pas conscience. Ils envahissent avec de bons sentiments. Qu'ils s'obligent à dire « la maison des enfants », ou « je vais chez les enfants », alors tout le monde respirera, et eux les premiers.

Sous certains aspects, leur position est plus délicate que celle du jeune couple. La plaie du « nid vide » n'est qu'en cours de cicatrisation. Ils ont aussi à apprendre de nouvelles relations avec leurs enfants.

Ils les voient commettre des erreurs par inexpérience : avec le bébé, le propriétaire, ou dans des achats. Ces erreurs, ils les ont commises plus jeunes. Ils voudraient que leur expérience serve aux enfants. Mais la vie n'est pas ainsi : on n'acquiert pas l'expérience par procuration. Il faut avoir fait soi-même un certain nombre d'erreurs et avoir eu soi-même un certain nombre de succès pour se constituer son expérience. Il est sage de savoir qu'on n'en transférera plus tard qu'une quantité très minime à ceux que nous aimons le plus.

Les grands-parents apprennent à se tenir à respectueuse distance. Concernant leurs enfants adultes, ils peuvent partager leurs craintes entre eux, mais pas les leur faire partager. Ils doivent être prêts à les aider s'ils le leur demandent, et être prêts à refuser leur aide s'ils la réclament sur un sujet qui ne les regarde pas, comme, par exemple, l'intimité du jeune ménage. Il est bon qu'ils les poussent à ne pas prendre un logement trop proche du leur. En s'astreignant à cette discipline, ils continuent leur œuvre éducative. Ils apprennent à leurs enfants mariés à avoir toujours plus confiance dans leurs propres capacités conjugales et parentales. Une jeune famille prend sa vigueur sous le regard d'amour libérateur des grands-parents.

Les enfants devenus parents ont besoin de cette continuation de leur éducation. En effet, ils ne sont pas vraiment commodes. Par inexpérience, ils oscillent entre deux attitudes maladroites : soit le refuge chez papa et maman à la moindre alerte, soit la protection excessive de leurs prérogatives.

Je ne donne pas cher d'un couple marié depuis trois ans dont la femme téléphone tous les deux jours à sa mère. Elle n'a aucune dispute conjugale : un simple silence s'est installé entre les conjoints. Que cette femme se contente d'appeler sa mère chaque quinzaine, et elle commencera à se disputer avec son mari. L'exercice serait salutaire, mais elle a raté trois ans d'entraînement. Aussi, cela pourrait bien lui sembler au-dessus de ses forces.

Notons en passant que la femme qui raconte ses déboires conjugaux à sa mère est souvent la fille d'une mère qui faisait de même avec la sienne. Mieux, quand sa fille était adolescente, elle a pu lui confier le peu de performances sexuelles de son père. On ne fait pas des familles heureuses avec ce genre de complicités malsaines qui brouillent les frontières des générations.

J'ai plusieurs exemples de couples qui refusent de confier bébé aux grands-parents. Le plus souvent, ce comportement est transitoire, motivé par une crainte un peu puérile : la peur qu'on abîme la merveille. Le temps passant, l'expérience vient aux parents. Se sentant plus sûrs d'eux-mêmes, ils le confient plus tranquillement aux grands-parents. Plus tard, arrivent d'autres enfants, et les parents sont heureux d'avoir des grands-parents disponibles pour les soulager de temps en temps !

Dans les rares cas où la situation se prolonge, une aide psychothérapique (voire judiciaire) peut être utile pour rétablir l'équilibre entre les trois générations :
– Les grands-parents. Rappelons-nous que c'est la naissance des petits-enfants qui donne son sens au sacrifice douloureux du départ des enfants de la maison, et à la solitude qui a suivi : après la peine, la joie. C'est le rythme de la vie. Si les enfants mariés ont besoin de sentir la confiance de leurs parents, ceux-ci ont tout autant besoin de la leur, parce que, dans le même temps, ils commencent à affronter la vieillesse.
– Les parents. Ils sentent qu'au-delà des justifications rationnelles qu'ils se donnent ils s'imposent et imposent aux autres une violence terrible.
– Les petits-enfants. Être privés de leurs grands-parents les ampute d'une expérience affective essentielle à la constitution de leur personnalité. Ils ne peuvent pas non plus s'expliquer pourquoi ils en sont privés : la logique d'adulte n'a pas cours dans les esprits enfantins. Ils ne peuvent pas se défendre : ils ne peuvent ni argumenter ni a fortiori l'emporter contre papa et maman.

Tout ce que je ne vous souhaite pas

Une jeune femme me consulte. Amaigrie et pâle, elle pleure plusieurs fois pendant l'entretien.

Elle se sent incapable de répondre aux besoins de son bébé âgé de six mois. L'enfant pleure sans cesse, surtout la nuit. Le mari s'énerve et lui fait des reproches. Elle en conclut qu'elle est une mauvaise mère et une mauvaise épouse.

Depuis peu, elle habite une nouvelle maison. Le couple s'est endetté pour l'acheter. Faute d'argent, l'intérieur n'est pas aménagé. Enceinte, elle faisait sa toilette dans une bassine. À la naissance, la salle de bains est terminée, seule pièce correcte de l'habitation. Les jeunes parents ne connaissent encore personne dans le village. En semaine, papa est absent de 8 h à 20 h.

Elle n'a plus de mère (décédée), et n'a ni sœur ni belle-sœur. Elle est fâchée avec sa belle-mère. Pour les soins du bébé, elle demande conseil à un médecin généraliste surchargé. Les consultations de dix minutes la laissent désemparée, parce que tout a l'air si simple pour le Dr X..., mais pas pour elle. De visite en visite, celui-ci remarque que les traits de la jeune femme se tirent et que ses yeux sont rougis. Il lui prescrit des tranquillisants, et finit par me l'adresser pour un « état anxio-dépressif ».

Je lui demande comment elle s'y prend avec son bébé : comment elle le baigne, le change, le nourrit, le couche et réagit quand il crie. Il est évident que personne ne lui a montré comment faire. Elle n'a aucune femme dans son entourage sur qui se modeler, et ainsi prendre confiance dans ses capacités de mère. Il lui faut donc une « assistance maternelle ». J'en veux une assez modeste et assez fine pour ne pas l'effrayer. Comme je ne connais personne susceptible de remplir cette mission dans la région, je demande à ma femme de s'en charger. Mon épouse la voit trois ou quatre fois. L'enfant a maintenant trois ans. Sa mère est heureuse, et ne prend plus de tranquillisants depuis longtemps ; elle est en train de se réconcilier avec sa belle-mère, et le couple va bien.

Le traitement ? Des petits trucs de mère de famille. Par exemple, toutes les jeunes mères ont peur de laisser tomber leur bébé dans la baignoire en le lavant. Une mère expérimentée a un petit truc qui lui assure une prise solide, avec une main passée sous l'aisselle. Je n'ai jamais su faire ! Ces petits trucs n'ont pas besoin d'être nombreux, mais la femme qui en connaît quatre ou cinq sait qu'elle est entrée dans le club des mères compétentes, et qu'elle peut en être fière.

Dans cette petite histoire vraie, semblent réunies toutes les conditions pour être malheureux en famille. La crèche de bébé n'est pas préparée, la solidarité des générations inexistante. La médicalisation entretient et aggrave le problème. Une simple entraide entre mères dénoue la situation. Le couple relance ses rapports avec les grands-parents vivants.

Pour une jeune famille, apprendre à réguler ses relations avec la génération du dessus est donc une tâche essentielle. C'est finalement le résultat d'une coopération réciproque des deux générations. Quand chacune s'attelle à ce travail avec bonne volonté, cela produit une confiance et un respect grandissants entre les deux. Chacune découvre les capacités de l'autre à s'adapter à des relations et à des rôles nouveaux apportés par le cycle de vie. Des potentialités latentes et encore inconnues se réalisent, pour l'épanouissement de chacun.

3

Combien d'enfants ?

Très vite, se pose au couple la question du nombre d'enfants à avoir pour que la famille atteigne son équilibre optimal, ou, si l'on préfère, sa vitesse de croisière.

Dans la société actuelle, il existe des réponses toutes faites qui soulagent de la réflexion : il est normal d'avoir deux enfants, parfois un, parfois trois. En deçà, il manque un gadget de conformité. Au-delà, l'excès dénote une bizarrerie. Il est convenu qu'avoir plusieurs enfants empêche les parents d'épanouir leurs personnalités. Les enfants prennent du temps et de l'argent. Ils sont une entrave à la réussite professionnelle, surtout de la mère. Élever des enfants est une tâche si ardue qu'en en multipliant le nombre on multiplie les dangers. On y laisse sa santé, qui est indispensable pour les élever correctement. Les parents de cinq enfants ne peuvent pas accorder la même attention à chacun que s'ils n'en avaient que deux. Ils ne peuvent pas leur offrir les mêmes études ni les mêmes vacances. Ces arguments servent à confirmer la norme statistique comme règle de vie. La mode est à la prudence.

Malheureusement pour cette pensée préchauffée et prête-à-l'emploi, les choses ne sont pas si simples. Je qualifie d'idéologie cette façon frileuse de penser par procuration. On ne contraint pas la vie à entrer dans un modèle préfabriqué. Le bonheur, ce sont les richesses de chacun qui se donnent libre cours dans l'imprudente liberté de l'amour. Les barrages idéologiques doivent sauter pour rouvrir la voie à l'épanouissement des personnes. Celles-ci sont aussi individuelles que leurs empreintes digitales, ont des potentialités uniques qui demandent à se réaliser, et ont leurs manières propres de collaborer avec le cycle de la vie familiale. La question doit être reprise du point de vue des personnes qui composent la famille, et pas étudiée à partir de la conformité sociale.

Aucune autorité, ni politique, ni religieuse, ni sociologique ni psychologique n'a le droit de dire combien une famille doit avoir d'enfants pour être heureuse. Cette inconvenance la disqualifierait. Chacune de ces autorités, dans son domaine, ne peut que donner des éléments d'appréciation aux parents pour réaliser la famille de leur choix. Chacune, selon son pouvoir, doit leur en donner les moyens.

Quand nous avons eu nos enfants, ma femme et moi, nous avons été satisfaits que personne ne vienne fourrer le nez dans nos affaires pour nous demander des comptes. Cela ne regardait que nous. À chacun sa famille ! Donc, je me contenterai d'indiquer quelques pistes de réflexion suggérées par l'expérience et la pratique. Elles nous permettront de prendre du recul par rapport à l'idéologie.

La vie professionnelle des parents

Je rencontre récemment une consœur. Cette jeune femme de vingt-sept ans est douée. Non seulement elle est belle – ce que toujours un homme regarde –, mais en plus, elle est charmante, simple, compétente, et très humaine. Les patients apprécient sa disponibilité, sa patience et son écoute. Il suffit à certains déprimés de passer une demi-heure avec elle pour, réconfortés, repartir avec un allant retrouvé. Nous dînons ensemble et nous parlons de nos enfants. Je suis abasourdi quand elle évoque les siens. Cette femme, si douce, n'est capable que de s'en plaindre. Elle a deux petits, de six et trois ans. Quand, le plus discrètement possible, je lui demande si elle souhaite en avoir un autre, elle détourne brusquement la tête, et proteste : « Ah non alors, c'est fini ! » Gêné et triste, je me tais.

Quelque chose n'est pas à sa place dans le cœur de cette femme, et les mots pour exprimer mon sentiment se trouvent difficilement. Qu'est-ce que les enfants lui ont fait que ses patients ne lui ont pas fait ? Ses capacités maternelles sont immenses : elle les démontre dans son travail. Pourquoi pas dans sa famille ? Bien sûr, il y a un décalage entre ce qu'une personne peut raconter à table et sa véritable manière d'être. Mais pourquoi bloquer aussi énergiquement au chiffre de deux enfants ? Souvent, la souffrance des malades nous étreint le cœur, mais ils restent des étrangers et nous devons l'accepter. Ils ont leur histoire dans laquelle ils nous permettent d'entrer un moment pour les soulager. Ils nous sont reconnaissants, neutres ou hostiles. Ils sortent de chez nous et continuent leur vie qui n'est pas la nôtre. Nos enfants sortent de notre ventre, et leur histoire est la nôtre. Si une femme peut aimer beaucoup de malades, elle peut aimer plusieurs enfants, sûrement plus de deux, et c'est sûrement plus important pour son épanouissement de femme. Après les avoir tissées dans le secret de son sein, quelles extraordinaires personnes humaines ne serait-elle pas capable de « créer » ! Cette consœur aussi m'a étreint le cœur.

On parle du travail professionnel féminin comme d'une victoire du progrès. N'ayant pas une clientèle riche, je m'interroge. Je vois beaucoup de mères qui, si elles en avaient la possibilité, déserteraient aussitôt la « victoire du progrès » pour rejoindre archaïquement leur foyer. Où est le bonheur de taper à la machine toute la journée, de rester des heures devant un écran d'ordinateur, ou de tenir la cadence à l'usine ? Maman se fait rabrouer par le contremaître, pendant que les enfants sont obligés de rester à l'étude. Après, elle devra courir les chercher. Combien rêvent d'être à la maison pour les accueillir au retour de l'école ! Combien rêvent d'avoir le temps de préparer un bon dîner ! Elles n'en ont pas les moyens, et on ne les leur donne pas. On a rivé ces femmes au travail : le salaire du mari est modeste, quand il n'est pas chômeur, et les allocations familiales insuffisantes ; le couple est souvent surendetté. L'endettement des familles a été favorisé durant des années pour soutenir la construction immobilière et la consommation. Les ménages travaillent donc pour rembourser.

Actuellement, nombre de femmes n'arrivent à retrouver un moment leur vocation familiale qu'au prix d'arrêts de travail, parfois même de pensions d'invalidité. Quand elles sont bien « cassées », elles obtiennent le droit de rentrer chez elles. Mais la « victoire du progrès » n'arrête pas sa marche triomphale. Bientôt, la femme ne sera plus exonérée de travail de nuit. Bravo !

Pour que ces familles puissent être heureuses, l'autorité politique doit intervenir. Les cabinets de psychiatres commenceront alors à désemplir. Nous ne verrons plus ces milliers de dépressions dont le gémissement se répète identique. Dans ce contexte, les discours sur le travail-libération de la femme me paraissent une mauvaise blague.

Certaines femmes sont plus chanceuses. Monsieur gagne bien sa vie. Madame a réussi des études supérieures avant de se marier. Après son doctorat de chimie, elle a quitté avec regret le laboratoire pour trois ou quatre années peu gratifiantes de couches-culottes. Bien vite, elle veut s'en libérer pour une activité intellectuelle plus intéressante. Commence une période merveilleuse. Elle travaille à mi-temps : le matin, le laboratoire retrouvé ; l'après-midi, la maison. Elle est une femme comblée. Attention, la vie avance !

Les enfants deviennent plus grands, et demandent moins de temps. Dans son travail, elle acquiert de l'expérience. Elle a maintenant envie d'approfondir un sujet qu'elle aime bien. Une opportunité se présente : une firme privée lui propose de se spécialiser sur ce même thème, avec un meilleur salaire. Il lui faudra travailler à plein temps. Elle accepte. C'est fait : elle n'aura plus d'enfants, mais un plan de carrière. Au fil des années, elle a de grands succès professionnels. Elle est connue dans les congrès. Il n'y en a pas une comme elle pour diriger trente bonshommes sur l'objectif qu'elle a fixé. Au fil des années, elle s'est aussi quelque peu brûlé les ailes, parce que l'ambition impose de rudes combats. Elle a été trahie plusieurs fois. Ces coups violents, elle en a parlé à table, le soir, à la maison. L'un de ces soirs, elle n'a pas remarqué que son aîné, morose, n'avait pas d'appétit. À quatorze ans, il vivait son premier chagrin d'amour. Pourquoi en parlerait-il ? Maman est trop occupée, elle ne remarque rien et il voudrait tellement qu'elle remarque quelque chose. Quand sa vie professionnelle devient trop âpre, il arrive à maman de se souvenir qu'autrefois elle avait vaguement souhaité avoir un ou deux enfants de plus.

Morale de l'histoire : l'ambition professionnelle ne libère pas. En cette matière, il n'y a pas de raison que ce qui est vrai de l'homme ne le soit pas de la femme. L'ambition est, pour les hommes, la première cause de leur absence de la famille. Le travail professionnel est source d'épanouissement pour la personne humaine, homme ou femme. Y progresser rend heureux, mais pas n'importe comment ni à n'importe quel prix. Si nous voulons être heureux en famille, nous devons choisir. Un proverbe dit : « On ne peut pas avoir le beurre et l'argent du beurre. » Nous devons ordonner nos priorités, voir comment elles s'articulent entre elles, les garder présentes à l'esprit notre vie entière, et nous les rappeler dans les moments difficiles pour guider nos choix. Donc :

– priorité n° 1 : la construction de la famille,
– priorité n° 2 : le progrès professionnel.

La deuxième est au service de la première.

Alors, nous entamons les luttes professionnelles nécessaires avec détermination, parce que nous en voyons la finalité ultime, le service de la famille. Nous distinguons avec clarté de quelles bagarres inutiles il est sage de nous retirer. Si nous sommes souvent obligés de nous absenter de la maison, nous emmenons la famille dans notre cœur.

Je me souviens d'un professeur de médecine réputé. Depuis le temps de son internat, il avait pris une excellente habitude. Chaque fois qu'il préparait une conférence, il plaçait une photographie de ses enfants dans le dossier qui contenait le texte. Quand il montait sur une tribune à Paris ou à New York, il ouvrait la chemise et ses yeux tombaient sur la photographie. Il savait pourquoi, ou plutôt, pour qui il était venu. C'était son secret.

Souvent, les enfants rappellent eux-mêmes l'ordre des priorités à leurs parents. Quand Marie, ma deuxième fille, avait deux ans, je devais passer un concours hospitalier. Nous habitions un tout petit appartement, dans lequel nous nous entassions à six. La salle à manger était mon bureau. Un accident de voiture récent m'avait abîmé la main. Je ne pouvais ni prendre de notes ni faire de résumés, et la date de l'épreuve approchait. Il était six heures du soir, l'heure des bains. Je m'échinais sur un gros manuel de psychiatrie pendant que les enfants hurlaient, se chamaillaient et riaient. Bref, je n'en pouvais plus. Ne sachant plus à quel saint me vouer, j'ai abandonné le manuel, et, déprimé, suis allé m'allonger sur le canapé. Je fermai soigneusement les yeux pour que les enfants croient que je dorme et me fichent la paix. J'avais un travail si important pour l'avenir ! Ne pourraient-ils pas s'en rendre compte, au moins un peu ? Je n'ai pu me livrer à mes rageuses pensées que cinq minutes. Marie me secouait pour me forcer à regarder le trésor qu'elle avait déniché. C'était un morceau de papier découpé dans un magazine. Elle voulait que je lui lise ce qui était écrit dessus. Je me forçais à lui sourire, et lu à ma grande stupéfaction une citation de Jean-Paul II : « Ne croyez pas que, dans votre vie, vous puissiez faire quelque chose de plus important que d'être un bon père chrétien ou une bonne mère chrétienne. » Quel choc ! Marie ne savait pas lire et avait trouvé ce bout de papier oublié dans un fond de tiroir. L'Ange de Dieu m'avait parlé. J'avais eu une communication directe avec le Ciel. J'avais retrouvé la paix. Depuis, je n'ai jamais plus oublié l'ordre des priorités. Merci, Marie.

Beaucoup d'hommes, et maintenant de femmes, se noient dans le travail parce qu'il leur donne l'impresssion d'être utiles. Pourtant, à qui est-on plus utile qu'à ses enfants ? « Créer » des personnes humaines est plus exaltant que d'améliorer un chiffre d'affaires et de recevoir les félicitations du patron. Les cimetières et les agences pour l'emploi sont pleins de gens qui se croyaient indispensables à leur entreprise. En fait, la compétition professionnelle donne l'illusion d'être quelqu'un. Travailler sert trop souvent de façade trompeuse. Avec ce supplément de personnalité, nous nous jugeons socialement présentables. Nous n'aimons pas être simplement nous-mêmes. Nous nous sentons vulnérables, et nous apprécions les masques. On voit des femmes cacher un visage merveilleux sous des kilos de maquillage. On peut parfaitement, et tout aussi bien, se cacher derrière une belle étiquette professionnelle.

À la maison, l'étiquette « cadre », « professeur », « technicien », ou « médecin » est décollée. On est simplement soi-même. Il n'y a pas de clinquant qui attire l'œil extérieur. On aime sans bruit. C'est modeste. « Les gens heureux n'ont pas d'histoire », dit un autre proverbe.

Les finances des parents

Avoir une famille nombreuse entraîne des conséquences financières. À partir du troisième enfant, le ménage est plus pauvre qu'un ménage d'un ou deux enfants de même revenu professionnel. Le fait est connu et répété depuis des dizaines d'années sans rencontrer d'écho.

Heureusement, le temps est passé, où – paraît-il – les couples faisaient des enfants pour les « allocs ». Les parasites ont changé de caisse. Ils se sont tournés vers de nouvelles mannes sociales plus rentables. Aujourd'hui, les couples font plusieurs enfants parce que c'est une conséquence naturelle de leur amour. La faiblesse des prestations familiales ne les arrête pas. Ils subissent l'injustice, ils la combattent, mais ils ne sont pas amers. Ils font l'expérience quotidienne que l'argent ne fait pas le bonheur, même s'il y aide. Pour que leur amour conjugal porte tous ses fruits, ils n'hésitent pas à marcher à contre-courant des conformismes sociaux. Eux au moins, ils sont libres. Ce sont les « aventuriers du monde moderne », selon l'expression de Péguy.

Les familles nombreuses sont moins riches ou plus pauvres, selon les cas, mais surtout, elles répartissent leur budget de manière différente. Ces couples n'ont pas leurs joies au même endroit que les autres. Ils préfèrent le dépenser pour leurs enfants. Les voir s'épanouir les uns après les autres grâce à l'argent rapporté au foyer les enthousiasme. Allez leur dire qu'ils font de lourds et pénibles sacrifices : ils vous riront au nez. Ils ne se sentent pas une vocation de martyrs résignés. Ils aiment.

Je connais une famille de neuf enfants, qui me rappelle le film *La Mélodie du bonheur*. Tous les enfants, musiciens, jouent de deux instruments. Certains soirs, j'aimerais me glisser incognito dans leur salon pour écouter le concert. Ma descendance est moins nombreuse. J'ai découvert que mon aîné, sportif, est doué pour les langues, la deuxième musicienne et littéraire, le troisième dessinateur. Le cinquième s'annonce bricoleur. Je me demande ce qui va se révéler chez la quatrième et le sixième, qui semblent tous deux très sociaux. Ma solde sert à soutenir le développement de ces potentialités si différentes chez les uns et les autres. Quel bonheur plus solide, plus durable et plus intense pourrais-je avoir ? Quelles richesses sous un seul toit ! Si j'avais suivi la mode, j'en aurais été privé. Avec un ou deux enfants, je me serais ennuyé, mais j'aurais été bronzer sur une plage du Club Méditerranée, plaisir trop éphémère à mon goût.

Dans une famille, tout le monde doit mettre la main à la pâte. Autrement, surtout si elle est nombreuse, elle se transforme en machine à tuer les femmes. Nous reverrons cet aspect plus loin. Ici, j'en souligne le côté budgétaire. L'entraide familiale

« interne » souvent ne suffit pas. Le niveau de vie s'est globalement élevé, malgré l'apparition de la « nouvelle pauvreté ». Paradoxalement, il est devenu plus difficile aujourd'hui pour une mère de se faire aider à la maison par une personne extérieure.

Autrefois, les cousines éloignées rendaient leurs services dans les familles modestes, et les bonnes dans les bourgeoises. L'éclatement des familles, l'exiguïté des logements, la législation et la réglementation modernes du travail ont fait disparaître ces possibilités. Les aides de l'État intéressent principalement les femmes qui ont un métier au-dehors, et de manière transitoire, les foyers en difficulté. Les dernières à en bénéficier sont les femmes à la maison de la classe moyenne, qui constitue la majeure partie de la société. Elles ne sont pas assez pauvres, mais déjà trop riches ! Pourtant, elles n'ont que deux bras qui ne peuvent suffire à tout. Quand elles demandent, on leur répond qu'étant au foyer « elles ne travaillent pas ». Elles avalent l'humiliation.

Continuons à prendre du recul par rapport à l'idéologie. Tout ne vient pas de l'État. Les parents actuels aussi ont changé d'échelle de valeurs. Bien qu'ils aient les ressources financières nécessaires, beaucoup ne prennent pas les moyens d'une aide efficace. Cela ne leur vient tout simplement pas à l'idée. Il n'est plus dans les habitudes d'amputer significativement son budget pour que maman soit débarrassée du travail lourd (ménage, lavage et repassage). Le plus souvent, les sommes consacrées sont touristiques. Elles sont consenties à regret et ne sont guère attractives pour les éventuelles employées dont elles favorisent le tourisme d'une maison à une autre.

L'épuisement professionnel est un type de dépression nerveuse en rapport avec une charge de travail excessive. L'épuisement des jeunes mères de famille nombreuse est une de ses variantes. Réservé aux pauvres dans le passé, il touche maintenant les class es moyennes et aisées. La dureté de la vie n'en est plus la cause, mais le manque de réalisme.

Souvent, la génération du dessus s'en mêle, par exemple la grand-mère en visite : « Ma fille, quelle chance tu as d'avoir tous ces appareils ménagers ! De mon temps, on n'avait pas de lave-vaisselle. » La grand-mère mérite des claques. Elle n'avait pas préparé sa fille au métier de mère – avant son mariage, elle s'intéressait surtout à ses études – et elle lui fait la leçon alors que celle-ci, fatiguée et débordée, n'en peut plus. Qu'elle donne donc un coup de main sans commentaires !

Cependant, les grands-parents n'ont pas que des gifles à recevoir, mais aussi de la reconnaissance. Dans les débuts – nous l'avons vu –, ils ont volontiers contribué à l'installation du jeune couple. Très fréquemment, leur aide continue par la suite, et contribue de manière décisive à son bonheur. Le jeune couple a tout à construire et tout à développer. Il lui faut un banquier compréhensif. Un banquier prête de l'argent quand il voit l'intérêt d'une opération. La famille n'est pas une société anonyme ni même une société à responsabilité limitée ; c'est une société de personnes à responsabilité illimitée, dont le but est la création de nouvelles personnes. Qui, aujourd'hui et pour un but aussi fou, prête sans intérêt et sans déclaration fiscale ? Quel créancier accepte facilement de rééchelonner le remboursement d'une dette ? Qui, tout simplement, donne argent, maison, ou meubles ? Les grands-parents, qui sont sûrement les premiers banquiers des particuliers. Les statistiques ont du mal à chiffrer le volume des transactions financières intra-familiales parce qu'elles échappent aux circuits officiels, mais elles laissent entrevoir qu'il est énorme. Ce sont de curieux échanges puisqu'ils se font à sens unique : une génération laisse à l'autre le fruit de son travail. Dans notre société de profit, la famille est le seul lieu où s'exerce quotidiennement une solidarité réelle et consistante. Les plus forts aident les plus faibles à devenir forts comme eux. À leur tour, ceux-ci aideront leurs enfants, et le cycle continuera, au service de l'épanouissement des personnes.

La santé des parents

La façon dont le couple envisage le travail professionnel et la gestion de ses ressources financières influence le choix qu'il fait de la taille de sa famille. La santé des parents est un autre facteur important. J'ai évoqué l'épuisement professionnel des mères, et montré qu'on en prévient l'apparition grâce à une aide réelle à la maison. Pour le reste, je vois quatre raisons médicales majeures de limite le nombre d'enfants :

- des grossesses précédentes à risque, durant lesquelles la vie de la mère et de l'enfant ont été en danger,
- un désordre mental sévère chez l'un des parents,
- une maladie grave chez l'un des parents, surtout si elle met en jeu le pronostic vital, tel un cancer ou une affection cardio-vasculaire,
- un mariage tardif, passé la quarantaine.

Bien que ma liste ne soit probablement pas exhaustive, dans ces cas, la nécessité est évidente.

En dehors de ces situations, tout est affaire de tact et d'équilibre propre à la santé d'une famille donnée. Il y a une différence entre espacer raisonnablement les naissances et les deux extrêmes contraires : « lapiner », qui devient rare, et « se bloquer », selon l'idéologie ambiante.

Les « lapinateurs » sont des inconscients immatures. Idéologues, ils le sont aussi, mais de la famille nombreuse. Ils se recrutent dans des milieux traditionnels, notamment catholiques. La vie leur ouvrira douloureusement les yeux. Ils risquent d'y perdre leur foi confondue avec leurs rêves, et de rejeter ainsi du même coup le médicament qui les auraient guéris de leurs illusions.

Les « lapinateurs » se conduisent comme les Africains n'oseraient le faire. En Afrique noire, les grossesses sont espacées d'au moins deux à trois ans. En principe, les rapports sexuels sont interdits durant toute cette période, qui est celle de l'allaitement ; celui-ci réalise d'ailleurs une contraception, certes imparfaite, mais appréciée, quand rapport il y a. Enfin, à cette époque, la polygamie protège la jeune maman des ardeurs déplacées de monsieur. S'il a des démangeaisons, il se tourne vers l'une de ses autres femmes. Pendant ce temps, la jeune maman peut se refaire une santé. Je ne fais l'apologie ni de la contraception ni de la polygamie, mais du réalisme et de la tenue.

À l'opposé, quand les « bloqueurs » disent qu'il faut s'arrêter à deux enfants pour ménager la santé de la mère, leur raisonnement iéologique repose sur deux illusions.

La première suppose qu'avoir des enfants rend malade, ou peut rendre malade. Je ne comprends pas en quoi : la grossesse n'est pas un état pathologique ! Une maladie peut la dérégler. Par définition, ce dérèglement n'est pas habituel. C'est lui qui rend malade, pas l'état naturel qu'il perturbe.

Les grossesses peuvent fatiguer. La fatigue devient épuisement quand elles sont trop rapprochées. L'asthénie signale que leur étalement indispensable dans le temps n'a pas été respecté, mais n'indique rien de leur nombre possible dans la vie : on verra au fur et à mesure. Chaque femme a des capacités qui sont fonction de sa santé, et celles-ci sont purement individuelles. L'immense majorité d'entre elles n'a aucune raison physiologique de se limiter à deux enfants.

La deuxième illusion consiste en ceci : quand on parle de famille nombreuse, on imagine trop souvent un couple débordé sous les couches-culottes d'une marmaille morveuse. Qui voudrait faire partie du tableau ? De morveux, dans ces familles, il n'y en a qu'un en même temps. Une femme n'est pas simultanément enceinte de ses six enfants, sauf en cas de traitement de stérilité qui aurait dépassé son objectif ! Une famille nombreuse n'affronte pas simultanément six problèmes d'adolescence. Les enfants viennent successivement. Les difficultés se présentent successivement, pour être résolues une à une. La croissance de la famille est régulière et paisible ; elle en respecte les équilibres ; l'amour est tranquillement fécond ; le cycle avançant, les nécessités de la vie viendront bien assez tôt indiquer au couple quand cesser d'avoir des enfants ; alors, ils laisseront de côté leurs regrets et commenceront une nouvelle époque de leur existence.

Venons-en à l'essentiel

Travail professionnel, finances et santé des parents... Et si, pour la question du nombre d'enfants, nous parlions moins des besoins des adultes que de ceux de la famille et des enfants ?

Les parents sont heureux de découvrir les potentialités si différentes de leurs enfants, et d'aider à leur réalisation. Ils sont encore plus heureux de voir se constituer une véritable société miniature sous leur toit. Chaque membre de la famille a son propre système de relations avec les autres, et avec l'extérieur. Plus elle a de membres, plus les échanges y sont diversifiés et riches, et plus elle est accueillante et ouverte sur le monde.

François joue dans une compétition de football, Isabelle se prépare pour la soirée à laquelle elle est invitée, Jean amène à table son meilleur copain, et Pauline se débat dans sa grammaire, et tout cela le même samedi ! Ce même jour, entre 18 h et 20 h, pendant que maman donne ses derniers conseils à Isabelle, Pauline admire la robe de sa grande sœur et voudrait bien être plus vieille. En aidant Pauline à déchiffrer sa grammaire, papa jette un coup d'œil de côté sur Isabelle, et découvre, intimidé, la femme dans sa fille. François, le footballeur, rentre et raconte à son père le match qu'il vient de perdre. Papa est un peu ennuyé parce qu'il n'a jamais eu d'attrait pour le football, pas plus que pour aucun sport ; il est aussi assez fier de François, qui réalise quelque chose dont lui n'a jamais été capable. Quand Isabelle aura enfin libéré la salle de bains, François pourra aller se doucher, puis on passera à table sans Isabelle, mais avec le copain de Jean. Dans la famille, la nouveauté est permanente.

Vivre dans cette joyeuse pagaille est assez fatigant, mais je n'envie pas l'enfant qui n'a qu'une sœur et deux adultes à qui parler le samedi soir, entre 18 h et 20 h, dans sa maison silencieuse et trop bien rangée. Je n'envie pas ces deux enfants qui focalisent trop l'attention des adultes et n'ont pas de vie relationnelle diversifiée chez eux. Quand ils invitent un petit copain, c'est une affaire d'État !

Quand ils font un match de foot, c'est l'événement de l'année !

« *Vivre et laisser vivre* », ce titre, légèrement modifié par mes soins, d'un film de la série *James Bond*, devrait être la maxime des familles : que chacun vive et laisse les autres vivre leurs vies. Quand papa et maman ont plusieurs enfants, ils ne peuvent pas être partout à la fois. Alors ils laissent leurs enfants vivre leur vie. Ils sont vigilants, mais pas tendus. Ils savent que l'éducation ne se fait pas à la force des poignets. Ils font confiance au processus vital de croissance qui développe chacun. Ils en surveillent l'évolution comme un jardinier le fait d'une plante précieuse. Ils sont là quand il faut, mais pas plus. Ils agissent comme tuteurs ; puis ils taillent, émondent quand c'est nécessaire, et à la bonne saison. Ils se préoccupent surtout de la qualité du sol, de l'atmosphère, et de l'arrosage. Ils n'ont pas besoin de l'inspecter anxieusement toutes les cinq minutes !

4

Éduquer les enfants et les parents

Le processus vital qui développe l'enfant passe par une série d'étapes auxquelles les parents doivent s'adapter. Ceux-ci sont parfois décontenancés par des réactions nouvelles, qui leur montrent qu'il n'est plus exactement le même que la veille. Quelques notions claires peuvent leur servir de repères. Ce ne sont que des grandes lignes qui n'évitent pas d'être déconcerté de temps à autre : ces étapes se présentent volontiers comme des mini-crises ou des crises tout court. Il est bon de les remettre dans une perspective dynamique et historique d'ensemble. Alors, ils n'en font pas un drame, et s'épargnent des souffrances inutiles. Le cycle de la vie familiale va vite, et, encore une fois, il apporte des problèmes, et en avançant, il se charge de les résoudre.

Je déconseille absolument aux parents qui ne sont ni psychologues ni médecins de lire des traités de psychologie de l'enfant. Lisez-les, vous aurez l'impression que le vôtre a tous les problèmes du monde ! Dans les magazines à grand tirage, sautez les articles sur le sujet : ils sont souvent les pires.

Les études scientifiques et leurs vulgarisations découpent l'enfance en tranches. Les enfants réels ne passent jamais exactement au moment dit par les livres à la phase décrite, et l'enfant théorique des savants n'existe pas dans la vie. De plus, ceux-ci n'ont pas qu'une théorie sur laquelle ils seraient tous d'accord, mais plusieurs, qui sont contradictoires.

En fait, ces très sérieuses analyses brossent des portraits qui ne sont que des images d'Épinal. Les images d'Épinal apprenaient beaucoup à nos aïeux sur le monde, l'histoire, la morale et la vie de famille. Si je considère aujourd'hui le fond des messages proposés sur les mêmes thèmes, je constate qu'il est aussi élémentaire qu'au siècle dernier.

Seule, l'illustration a changé pour s'accorder au goût de l'époque. Nous aimons le tarabiscoté du langage technologique. Nous en mettons dans tout, y compris dans l'approche du cœur humain. Nous appelons « psychologie moderne » cette construction baroque. Mais qu'on n'aille pas croire que je la méprise. Pour parvenir à énoncer des choses vraies sur le réel, il faut beaucoup travailler. Et comme c'est le cas depuis un siècle en psychologie, nous pouvons espérer arriver à une vision plus claire du développement de l'enfant. Alors le tarabiscotage de l'illustration sera obsolète. Ma comparaison avec les images d'Épinal est donc flatteuse.

De ce fatras compliqué, j'extrais quelques faits simples.

Si vous croyez que je m'amuse !

D'abord, l'enfant est actif. Il explore le monde. Son immense curiosité le pousse à sentir, tester, et éprouver les objets, et surtout les personnes qui l'entourent.

Vous avez cinq ans, et c'est votre anniversaire. Vous recevez une grande et belle poupée articulée, et vous entendez les adultes, parlant entre eux, dire qu'elle a coûté cher. Très raisonnablement, vous en concluez qu'elle doit être particulièrement intéressante. Vous vous précipitez pour la démantibuler. Ainsi, vous savez ce qu'elle a dedans. Vous découvrez ensuite que ses bras et ses jambes font de parfaits couverts pour un repas imaginaire intime que vous dégustez avec votre bienheureuse amputée. Les membres arrachés servent aussi de projectiles efficaces contre votre grand frère qui est plus fort que vous. Toutes ces richesses dans une poupée ! Pourquoi maman n'est-elle pas contente ?

Il y a un peu partout dans la maison des petites plaquettes avec deux trous. Les adultes les nomment prises électriques. Si vous avez un esprit scientifique, vous voulez savoir à quoi elles servent. Pour vous y introduire, rien de mieux que deux fils de fer. Pourquoi maman hurle-t-elle ? Après tout, dans la recherche, on a droit à l'erreur. Christophe Colomb, croyant découvrir les Indes, n'a trouvé que Saint-Domingue.

Quand les enfants jouent, les adultes croient qu'ils s'amusent. Comme s'ils avaient du temps à perdre ! Ils sont toujours pressés. Ils apprennent, et c'est urgent. Dans leurs jeux, ils réfléchissent, rient, pleurent, et se bagarrent de toutes les manières possibles. Ils rejouent les comportements et les attitudes de leurs proches pour « voir ce que ça fait quand on fait comme eux ». Le prototype en est l'universel et très populaire « Viens, on va jouer à papa et maman » ! Ils essayent toutes les variétés de réactions aux stimulations. Le jeu est le banc d'essai auquel ils passent leurs personnalités pour en connaître et maîtriser les performances.

Prémices et premiers développements de l'autonomie

Tout son développement pousse l'enfant vers l'autonomie. En explorant les personnes qui l'entourent, en s'y frottant et en les rejouant, il apprend aussi quelles sont l'étendue et les limites de son territoire : étendue sans cesse grandissante et limites sans cesse repoussées plus loin. Au fur et à mesure, il doit vérifier l'extension de son domaine personnel, si bien que certains auteurs ont pu écrire : « L'enfant se pose en s'opposant », ce qui n'est qu'à moitié vrai. La famille fournit les innombrables stimulations qui activent en lui les capacités nécessaires à cette intense activité.

La première phase est continue jusque vers trois ans. À cet âge, il a appris à manger et faire ses besoins seul. Il dit « je », et se reconnaît comme une personne. Il manie assez bien les mots concrets pour être compris. Il profite de cette première maîtrise sur lui-même pour l'exercer sur ses proches, et faire reconnaître son territoire : il refuse et tient tête. Il prend plus de place dans la maison. Ses parents sont si heureux d'avoir quitté la période couches-culottes qu'ils s'intéressent encore plus à lui, en qui ils commencent à discerner son futur caractère adulte. Papa aime les câlins de sa petite femme, maman ceux de son petit homme.

Nous passons à l'étape suivante, où l'enfant s'affirme sexuellement. Le parent de sexe opposé résume à ses yeux tout ce qu'il y a de plus merveilleux dans la vie. Il en est amoureux. Peu à peu, il s'identifie au parent de même sexe que lui. Le petit garçon ne pense plus : « Je suis l'amoureux de maman », avec papa pour rival dans la conquête du cœur de maman, mais : « Papa est l'amoureux de maman, et moi, je suis comme papa. » Il admire papa qui devient son modèle, et il n'a plus besoin d'être amoureux de maman. Chacun est à sa place. La fréquentation de l'école facilite son évolution. Ses relations se diversifient. Il transfère par exemple sur sa maîtresse une partie des sentiments jusque-là réservés à sa mère. Il y connaît ses premières amours. Une petite fille de son âge devient la Juliette de tous ses rêves. Son identité sexuelle est assurée. Cette question résolue, il devient capable de lire et d'écrire, de généraliser, et d'utiliser des concepts. Il a sept ans, l'âge de raison.

Les prémices de son autonomie physiologique, sexuelle, intellectuelle, et sociale sont posés. Dans les années suivantes, il la développe – semble-t-il – progressivement, régulièrement, sans gros à-coups. C'est « l'âge adulte de l'enfance », aussi appelé « période de latence » par les psychanalystes.

Mais, attention, il ne dort pas. Il continue à élargir son expérience du monde. Il surprendra ses parents, s'ils se sont assoupis dans un train-train de règles et de rôles trop fixés. Des orages subits peuvent éclater, parce que le climat familial s'est insidieusement alourdi. Je pense à cet enfant de onze ans qui avait fugué par crainte de se faire gronder par son père. Pourtant, la bêtise n'était pas bien grosse du point de vue adulte, mais de celui du garçon, elle était énorme. Il fallut huit heures aux parents pour le retrouver, puis une heure de négociations pour qu'il accepte de parler à son père. Ce jour-là, papa découvrit qu'il avait un fils qui n'était pas un simple objet d'ornementation, et regretta les heures passées devant la télévision en rentrant du travail.

Le calme de la période de latence est une illusion. Il est abusif d'opposer cet âge, où l'enfant serait censé être sans problème, sage et obéissant, à l'âge ingrat, où il aurait nécessairement des problèmes, et serait nécessairement révolté et indocile. De l'une à l'autre, le même processus d'exploration du monde est en cours. L'enfant, puis l'adolescent, construit son expérience avec les moyens à sa disposition.

Les parents qui ne percevraient aucune opposition chez leur enfant se préparent des lendemains douloureux. En revanche, se saisir de ces oppositions pour en faire des occasions de clarification ferme et ouverte, en parlant à son intelligence, avec l'intention de faire progresser son expérience, installe une confiance réciproque qui sera son meilleur soutien à la puberté.

Cela suppose des parents qu'il passent du temps avec leurs enfants. Je ne parle pas de « dialoguer ». La mode a galvaudé cette si belle expression. Je parle de passer du temps avec eux, avec ou sans paroles échangées, pour les étudier. Il faut les observer vivre, agir, réagir avec soi, avec d'autres, et tenter de s'imprégner de leur vision du monde à eux. Souvent, cela se fait très discrètement, du coin de l'œil. Il est plus important de les laisser venir vers nous à leur heure que d'aller vers eux quand cela nous convient. Les enfants ont besoin de sentir leur univers respecté. Ils nous permettent alors de les connaître. Il faut absolument pavenir à voir le monde avec leurs yeux. L'amour rend possible ce travail, parce qu'il nous ouvre à l'autre.

Cette attitude permet de ne jamais prendre une opposition d'enfant ou d'adolescent au premier degré, comme s'il s'agissait d'un conflit entre adultes (ce que l'on voit trop souvent). Elle aide à prendre du recul pour saisir le point de vue du Christophe Colomb familial, et lui fournir un guidage pertinent, en fontion de données de la réalité qu'il ne possède pas encore pleinement, mais que l'adulte possède.

On gave un enfant !

L'éducation du jeune consiste à lui fournir des stimulations adéquates et variées à sa curiosité, puis à le laisser explorer, en prenant soin de poser au fur et à mesure des balises de sécurité. Elle ne consiste pas à le gaver.

On peut gaver un enfant de visites de musée, de musique, de spectacles sportifs, de mathématiques, ou de grammaire. Les activités du mercredi sont parfois de vrais parcours du combattant !

L'adulte impose ainsi ses craintes ou ses goûts, et l'enfant aurait le droit de dire : « Et moi, alors, dans tout ça ? »

La télévision et les jeux vidéo sont une autre forme de gavage. Ces derniers cultivent l'adresse de l'enfant, mais l'écran le fascine et devient son unique interlocuteur des journées entières. Je préfère qu'il aille jouer avec des copains !

Quant à abandonner les enfants sans contrôle devant la télévision, rien n'est pire. Elle est aujourd'hui le principal obstacle au bonheur en famille. Elle supprime les échanges familiaux et fait vivre dans un imaginaire de sexe et de violence. Elle éteint la curiosité des enfants pour le monde réel, et remue en eux des émotions qui leur sont inintelligibles. Regardez-les après deux heures de télévision : ils sont abrutis ! Ils reviennent de la Lune, et la planète Terre, sur laquelle ils rentrent, leur paraît bien fade.

Allumer le poste est facile, l'éteindre demande beaucoup de force de caractère. Il faut choisir entre une vie de famille et une vie de télévision. Aux « accros » de télévision qui me lisent, et pour qui mes propos sont trop sévères, je propose l'expérience suivante. Offrez à vous et aux vôtres un mois sans télévision, trois semaines si un mois vous semble trop dur, mais pas moins de trois semaines. Au besoin, mettez-la au grenier. Pendant deux ou trois jours, vous tournerez en rond. Le geste machinal d'appuyer sur le bouton vous manquera, comme, pour le fumeur, celui d'allumer une cigarette. Bientôt, vous mangerez d'un meilleur appétit, vous vous sentirez moins fatigué, et toute la famille dormira mieux. Vos enfants et votre conjoint seront si heureux de discuter, de jouer ou de chanter avec vous, et vous avec eux ! Je vous garantis qu'à la fin de la période d'abstinence, vous n'aurez pas très envie de rallumer le poste, parce que vous aurez pris goût à votre liberté retrouvée.

Le magnétoscope est le seul moyen pour dominer l'écran et le faire servir au bonheur de la communauté. Grâce à lui, les échanges familiaux ont une occasion de s'intensifier ou de renaître. On discute tous ensemble pour déterminer quelle émission enregistrer. On programme la projection pour un moment où tout le monde sera libre (ce qui permet, au passage, à tous de s'intéresser à l'emploi du temps de chacun). La projection devient une véritable séance de cinéma, pendant laquelle les enfants apprennent à regarder activement, et à respecter le plaisir des autres. Si les commentaires personnels sont interdits pendant, ils sont en revanche encouragés après, dans une grande mise en commun des impressions, des avis et des jugements. Alors la télévision devient un temps fort de la vie familiale.

Aborder l'adolescence

Si, ayant évité le gavage et fourni des stimulations adéquates à la curiosité de leurs enfants, les parents ont passé du temps à les étudier et à clarifier leurs oppositions dans un souci de faire progresser leur expérience de la vie, la confiance s'est installée, et l'adolescence vient s'inscrire comme un développement harmonieux de tout ce qui aura précédé. Pour répondre aux attentes de l'adolescent, les parents doivent simplement avoir en tête les modifications qu'il est en train de subir, et qui modifient sa vision du monde. Leur attitude de base n'a pas besoin de changer. Comme par le passé, ils continuent à guider l'exploration de Christophe Colomb.

La poussée pubertaire est fatigante. Il n'est pas rare qu'un jeune, entre treize et dix-huit ans, prenne jusqu'à dix centimètres par an, ce qui implique un considérable travail de construction physiologique. On peut concevoir qu'il soit épuisé, moins attentif en classe, irritable et dorme beaucoup. Il faut l'aérer et bien le nourrir.

De plus, le monde, vu d'un mètre quatre-vingts n'a pas la même allure que vu d'un mètre trente ! Le temps est encore très proche où, pour le contempler, il fallait regarder très haut en l'air. Maintenant, on regarde droit devant soi, et, pour embrasser papa, il faut se baisser. C'est nouveau. L'apparition de la pilosité, des seins et des règles, des éjaculations et de la mue de la voix s'ajoutent à la croissance pour modifier le corps. On comprend que l'adolescent ne sache pas toujours quoi faire de celui-ci, qui a changé plus vite que son cerveau. Il a besoin de temps pour assimiler.

Quelques remarques indiscrètes de l'entourage achèvent de le gêner : « Oh ! mais elle devient une vraie jeune fille ! » ou bien : « Tu as des boutons, ça passera avec ta première petite amie ! » ou encore (le père à table à ses amis) : « Les gosses de nos jours ! Ma fille, je trouve ses serviettes hygiéniques partout ! » Ces indélicatesses sont en fait des maladresses, parce que les proches, eux aussi, doivent s'adapter à ces transformations. Être embrassé par un fils plus grand que soi, c'est nouveau aussi pour les parents.

Mais tout cela est la partie émergée de l'iceberg des changements. La partie immergée est beaucoup plus importante.

L'adolescente voit des regards d'hommes se porter sur elle d'une façon inconnue jusqu'alors. Elle apprend à connecter ces regards avec les sensations sexuelles nouvelles de son corps, à découvrir sa capacité de séduction, à la maîtriser, et à l'utiliser en temps opportun. L'adolescent apprend à connecter l'étrange émotion qu'il ressent au contact des filles avec les sensations sexuelles nouvelles de son corps. Attiré vers elles, il apprend à aller vers elles, et elles à y répondre, selon les manières qui ont cours dans leur culture. Celles-ci constituent un vrai rituel d'approche. Il n'est inné qu'en partie.

Enfin, puisque j'ai déjà décrit plus haut le processus d'intégration corps-esprit dans la sexualité, et souligné l'importance de son bon déroulement dans la préparation de ménages heureux, autorisons-nous une petite anecdote.

Durant la Seconde Guerre mondiale, les Américains stationnés en Angleterre eurent bien des déboires par méconnaissance du rituel britannique. Dès les premières rencontres, ils se permettaient d'effrayantes privautés. Ils embrassaient les jeunes filles. À leur stupéfaction, elles s'enfuyaient en courant. Les plus malchanceux prenaient aussi des claques. Explication : en ce temps-là, pour les Anglais, le baiser était le signe de l'imminence du rapport sexuel. Il le précédait comme le hors-d'œuvre, le plat de résistance. Pour les Américains, le baiser ne prêtait pas du tout à de pareilles conséquences : pour coucher avec une fille, il fallait en être réellement amoureux. L'embrasser relevait du flirt banal.

Revenons à notre adolescent. Avec les nouveaux moyens physiques, sexuels, et intellectuels à sa disposition, il se livre à une exploration effrénée du monde. Son territoire s'élargit vertigineusement. Papa et maman semblent avoir peu d'importance, les copains beaucoup. Ceux-ci sont l'ébauche de sa vie sociale personnelle, et : « Les vieux, je sais ce que c'est ! »

Il ne démantibule plus les poupées ou les prises électriques, mais les idées religieuses et philosophiques pour voir « ce qu'elles ont dedans ». Il en essaie une ou plusieurs, dont il se fait l'adepte fervent. L'important est de les éprouver, et ainsi de s'y éprouver. Il cherche un sens à sa vie : c'est l'unique problème qui se pose vraiment à l'homme. Il est heureux de trouver quelque part, en dehors de la famille, une oreille adulte capable d'écouter ses démonstrations avec un intérêt réel. À la maison, il a peur de n'être pas pris au sérieux : « Nul n'est prophète en son pays. » Il a surtout besoin de fréquenter et d'admirer des adultes qu'il s'est choisi, sans passer par les parents. Comme par hasard, l'élu est souvent un vieil ami de la famille, une tante, un professeur, la mère du meilleur ami, parfois un prêtre ou une religieuse. La marque de papa et maman est là, cachée. Il continue à construire sa vie sociale personnelle.

Les parents sont plus en retrait au quotidien, mais plus présents aux moments importants : orientation scolaire et professionnelle, élagage de mauvaises fréquentations, déceptions sentimentales (avec discrétion). Ils cherchent à lui donner le sens des changements qu'il vit. Ils lui montrent que certaines de ses décisions actuelles auront des conséquences décisives sur toute son existence. Ils les remettent dans la perspective du cycle de vie. Ils parlent à l'intelligence et à la volonté de l'adulte en germe, avec volontiers une certaine gravité.

Ainsi de l'éducation sexuelle. Faite au début de la puberté, en privé, par le parent de même sexe, elle est renouvelée plus tard en fonction des besoins. Vous me direz qu'ils en savent assez long avec les cours donnés au collège ! Je vous répondrai qu'il n'y apprennent pas l'essentiel qui est l'amour. Au collège, on leur parle mécanique et technique sexuelles.

De plus, les classes sont mixtes. Pour aborder un pareil sujet, la mixité n'est pas la meilleure ambiance. Elle ne ménage pas la pudeur des adolescents, et leur rend impossible de poser les délicates questions qui les troublent. La fille osera-t-elle plus avec sa mère, le garçon avec son père ? Ce n'est pas sûr. Mais ils se souviendront toute leur vie de cet entretien confidentiel où ils ont vraiment été pris au sérieux. Donc, ils prendront l'amour et leur corps au sérieux.

Les parents se préoccupent moins d'expliquer en détails le fonctionnement des appareils génitaux que de le replacer à son vrai niveau : la jeune fille a des règles et des ovulations, et le garçon, des éjaculations parce qu'ils ont maintenant la capacité de faire des enfants. Ils ont une richesse nouvelle extraordinaire, et avec, une nouvelle et importante responsabilité.

L'explication se poursuit. On fait des enfants parce qu'on est amoureux, donc qu'on a trouvé l'homme ou la femme de sa vie. Le désir sexuel qu'ils éprouvent pour des garçons ou des filles de leur âge les prépare à cette grande rencontre à venir. En l'attendant, ce désir signifie que leur corps est prêt à s'unir à un autre corps, mais ne signifie pas que c'est le bon. Un jour, désir sexuel, amour du cœur et de l'intelligence ne feront plus qu'un. Ils connaîtront alors le merveilleux bonheur de faire l'amour avec l'ami(e) pour lequel(laquelle) ils se seront gardés. Ils pourront tout lui donner, et ce ne seront pas des mots. Ce sera vrai.

Ce genre d'entretien, comme ceux sur tous les autres sujets importants pour l'adolescent, n'est possible que sur la base de la confiance bâtie pendant la période de latence et développée par la suite. Les parents manifestent leur confiance grandissante dans ses capacités en le poussant eux-mêmes à l'autonomie (vacances hors de la famille, aide à l'obtention du permis de conduire, utilisation de la voiture des parents), et en assouplissant les règles en usage dans la communauté (sorties du soir). Ils maintiennent aussi un cadre. Celui-ci, quoique plus large, doit rester présent, pour lui donner les repères nécessaires à l'acquisition d'une saine vie sociale. Il apprend que tout n'est pas possible, et, par exemple, que « la maison n'est pas un hôtel ». S'il n'y dîne pas, il prévient à l'avance. S'il y dîne, il est à l'heure à table. Jusqu'à son mariage, il fait partie de la communauté et doit en respecter les membres.

Il reste à nos adolescents à entrer dans l'âge adulte en fondant leur couple et leur famille : retour au chapitre correspondant. Il semble donc que nous ayons bouclé la boucle. Maintenant, j'ai envie d'enlever ma blouse de psychiatre pour vous parler de ce qui me tient le plus à cœur.

5

J'enlève ma blouse

Le projet familial est de créer une communauté de personnes épanouies et capables à leur tour d'en épanouir d'autres. Il se réalise en collaborant avec le cycle de vie. Je voudrais commencer à montrer ici ce qu'apporte le fait d'être chrétien à cette grande entreprise.

La foi catholique et l'expérience chrétienne

D'abord, un mot de la foi catholique sans lequel ce qui suivra serait incompréhensible.

Dieu est Amour. Il est même communauté d'amour. Nous disons qu'il est un en trois personnes, le Père, le Fils et le Saint-Esprit. De toute éternité, le Père se donne à son Fils qui se reçoit tout entier du Père, et lui rend amour pour amour. L'amour qu'ils échangent est leur esprit commun, le Saint-Esprit. Cette Trinité est une famille.

Dieu nous a créés par amour, à son image et à sa ressemblance, pour nous faire participer à son bonheur. Notre bonheur est de l'aimer. Pour cela, il nous a faits libres, car un esclave ou un automate n'aime pas.

L'homme a mésusé de sa liberté et l'a, par orgueil, retournée contre Dieu. Il a prétendu faire son bonheur sans lui. C'est le péché originel, dont les conséquences sont catastrophiques pour l'histoire humaine. En se coupant de Dieu, source de l'amour, le genre humain s'est coupé de la source de son unité. Nous nous sommes mis à nous haïr, ou à ne voir en nos frères que des instruments au service de notre jouissance. Traversés par la nostalgie de l'amour, nous vivons dans le péché, et nous en souffrons atrocement.

Notre misère a crié vers le Ciel, et donné l'occasion à Dieu de manifester le fond de son cœur – l'Écriture dit : ses « entrailles » –, la miséricorde. En venant lui-même à notre rencontre, de notre malheur, il a fait surgir un bonheur plus grand que celui d'avant notre infidélité. Il s'est fait homme en un lieu et une époque précises. Jésus-Christ, vrai Dieu et vrai homme, nous a révélé le Père, a pris sur lui nos péchés en mourant pour nous torturé et crucifié, et a vaincu la mort en ressuscitant. Pour nous communiquer les fruits de sa victoire et sa propre vie, il nous a envoyé le Saint-Esprit qui anime l'Église qu'il a fondée. Celle-ci devient pour l'homme le moyen de « se greffer » sur Jésus-Christ, de recevoir puis de fortifier en lui la vie divine. Elle est donc aussi une grande famille, celle de tous les humains réconciliés avec le Père et entre eux, et divinisés parce qu'incorporés à la vie-même de la Trinité.

Tout cela semble bien loin de notre propos. Dans les chapitres précédents, je semblais vouloir en rester à un niveau obstinément pratique, et voilà que je vous emmène dans les nuées. Me contredirais-je ? Non, car la foi a deux mille ans alors que la psychologie moderne n'en a que cent. L'expérience vécue par les familles chrétiennes mérite notre intérêt.

À force de négliger notre héritage spirituel, les théoriciens contemporains ont affamé l'humanité des profondes vérités qui, seules, nourrissent le cœur de l'homme. Qu'ils ne s'étonnent donc pas de voir les jeunes se tourner vers de fades succédanés de religiosité. Les sectes se multiplient, le mouvement du « Nouvel Âge » s'étend. On a oublié les saints qui ont forgé notre civilisation, pour se tourner vers d'obscurs mystiques orientaux revus et corrigés pour être monnayables par l'Occidental amnésique.

L'éternité en perspective

Une famille chrétienne vit le cycle de vie avec l'éternité en perspective. Elle sait que celui-ci n'est pas un éternel recommencement à la manière hindoue, mais qu'il est le moyen, pour chacun de ses membres. de parvenir à un bonheur éternel et personnel. Elle sait qu'elle est une communauté d'enfants de Dieu, une petite Église, et une image de la Trinité sur terre. D'un coup, la famille est anoblie, et cet objectif spirituel intègre en les dépassant les paramètres physiques, sexuels, intellectuels et affectifs que nous avons étudiés plus haut.

Un joyeux décapage d'illusions

Elle sait d'autre part que, dans toute communauté humaine, les forces de désunion sont terriblement actives, et donc que cet objectif est largement au-dessus de ses forces. Elle s'en réjouit. En effet, quand l'homme, malgré ses efforts, n'y arrive pas et échoue, il commence à sortir de sa suffisance. Ramené à la vérité de son humble condition, il apprend qu'il a besoin de Dieu, et lui ouvre enfin la porte de son cœur à laquelle Celui-ci frappait depuis si longtemps. Décapé de ses illusions, il lui permet d'agir en lui. C'est une grande joie pour un chrétien de voir Dieu agir dans sa vie quotidienne parce qu'il veut aimer le vrai Dieu, et non une construction de son imaginaire. Alors, jour après jour, sous son regard, la famille vit de plus en plus de son amour, et le Saint-Esprit lui-même est le ciment de son unité. Que demander de mieux ?

Un sens nouveau à l'éducation

L'éducation reçoit un sens nouveau. D'abord, pour les parents, leurs enfants sont plus fils de Dieu que d'eux-mêmes. Ils ont une destinée éternelle et ne leur appartiennent pas. Dieu les leur a confiés pour qu'ils leur apprennent à l'aimer, et ainsi être heureux. Pour accomplir cette merveilleuse tâche, il leur donne son aide, que nous nommons la « grâce ». Ce travail rend heureux toute la famille, parce que, quand on fait la volonté divine, tout s'unit, s'apaise, prend son sens et sa place, fructifie et devient joyeux et léger.

L'éducation consiste à fortifier en chacun la vie du Christ, ce que nous appelons l'« homme intérieur » ou l'« homme nouveau ». L'homme intérieur est plein d'amour, libre de ses passions, humble et fort, au service de ses frères, rebelle aux conformismes du monde et de ses modes. Il guide souplement sa vie dans une fidélité toujours plus grande à Dieu. Le Christ est l'homme parfait, modèle absolu de toute éducation.

Mais qu'on ne se trompe pas. Ce n'est pas par une simple réforme morale toute humaine qu'on y parvient. Ce n'est pas un placage d'idéal abstrait sur une personne concrète. Ce n'est pas mettre l'enfant (ou l'adulte) dans un moule. C'est lui fournir un contexte favorable pour qu'il s'ouvre de plus en plus à l'action intérieure vivifiante de l'Esprit-Saint. Cette atmosphère de l'éducation, je l'ai décrite dans les chapitres précédents. Les parents chrétiens, tout autant que les autres, si ce n'est plus encore, doivent donc se préoccuper de fournir à leurs enfants des bases psychologiques équilibrées.

Plus la personne est fidèle à Dieu, plus sa personnalité se révèle, parce que Dieu a pensé à chacun d'entre nous avant la Création du monde, nous a voulus uniques et réservé une vocation unique. Le but de l'éducation est d'aider l'enfant, puis surtout l'adolescent, à discerner ce pour quoi Dieu l'a fait, ce qu'il attend de lui pour le rendre heureux, et à y répondre. C'est le sens du mot « vocation », du latin *vocare*, appeler : Dieu nous appelle. Dans ses grandes décisions comme dans les plus banales, le chrétien raisonne plus en termes de discernement que de choix : « Suis-je appelé au mariage, à devenir technicien, médecin, mère de famille ? Suis-je appelé à porter le Christ à mes frères en devenant prêtre ? Ma femme et moi, sommes-nous appelés à avoir cet enfant ? Mère au foyer, suis-je appelée à prendre un emploi professionnel ? » Le chrétien peut répondre à ces questions parce que, dans sa prière, il médite les événements de sa vie, positifs ou négatifs à l'échelle humaine, et y décèle la main de Dieu qui le conduit, sa Providence. Son choix, c'est d'adhérer librement à la volonté divine pour être heureux.

La croissance spirituelle de la communauté

L'attention à la croissance spirituelle de la communauté familiale est primordiale. Son unité se fait par le haut. La vie divine l'anime par les sacrements. La prière en commun est le point fixe qui la réunit tous les soirs sous le regard de Dieu. Chaque membre apprend à prier dans le secret, loin des autres.

Certains des sacrements accompagnent l'homme dans les grandes étapes du cycle de la vie familiale, de la naissance à la mort. Les autres, ainsi que la prière, appartiennent à la vie quotidienne de la famille, que je traiterai dans la deuxième partie de ce livre.

Un sacrement est un signe sensible qui réalise ce qu'il représente. Quand un prêtre verse un peu d'eau sur le front d'un bébé en disant : « Je te baptise au nom du Père et du Fils et du Saint-Esprit », nous croyons que cet enfant ne vit plus seulement de sa vie naturelle, mais qu'il a été plongé dans la mort et la résurrection du Christ. Il est né une deuxième fois : dégagé du péché originel, le Christ vit maintenant en lui. L'aide de Dieu l'aidera à développer ce qu'il a reçu pour fortifier en lui l'homme nouveau qui vient mystérieusement d'apparaître.

À l'aube de l'adolescence, l'enfant est confirmé. L'évêque lui oint le front d'huile, et lui dit : « Reçois l'Esprit saint. » La confirmation rend adulte dans la foi. Elle donne la maturité et la vigueur surnaturelles nécessaires pour témoigner de l'amour de Dieu aux hommes. Dieu fait de l'enfant un adulte bien avant ses parents !

Jésus a élevé le mariage naturel à la dignité de sacrement. Quand un homme et une femme se disent librement l'un à l'autre devant le prêtre et l'Église assemblée : « X..., je te choisis pour époux », nous croyons qu'ils entrent dans un mystère plus grand qu'eux, celui des noces du Christ avec l'humanité sauvée, qui est l'Église. Dieu aime l'humanité ; en se faisant homme, il l'a épousée ; en souffrant pour elle, il l'a sauvée. L'union sexuelle des conjoints est divinisée, parce que leur mariage est devenu surnaturel. Les époux reçoivent une grâce efficace leur vie entière, qui les aidera à s'aimer, à être fidèles et à élever leurs enfants. Cette grâce est particulièrement précieuse dans les moments critiques du ménage, qui doit alors penser à y recourir.

Dieu accompagne enfin la souffrance et la mort avec le sacrement de l'Onction des malades qui donne la force pour affronter la maladie grave, parfois le soulagement et la guérison physiques. Avec lui, la mort est vécue dans l'espérance, comme le grand et ultime passage qui permet la rencontre tant attendue avec le Seigneur qui va bientôt enfin être visible face à face.

Le prix de la vie quotidienne

Pour finir, avant de renfiler ma blouse de psychiatre, j'ajoute encore une fois que je n'aimerais pas que vous disqualifiiez ce que je viens de dire, sous le prétexte que ce sont de belles idées, mais bien loin de la vie quotidienne et de ses tracas. Les enfants de Dieu pratiquent l'amour justement dans les petites choses de la vie quotidienne et dans ses tracas : une réparation à faire quand on n'en a pas envie, interrompre un travail pour répondre à un enfant, préparer un bon repas, bien faire son travail professionnel ou scolaire. Penser à l'éternité donne plus de prix et de poids à chaque journée qu'il nous est offert de vivre jusqu'à la mort, parce qu'à la fin de notre vie nous serons jugés sur l'amour et que « celui qui dit aimer Dieu qu'il ne voit pas, et n'aime pas son frère qu'il voit est un menteur » (1 Jn, 4, 20).

LA FAMILLE EN ACTION

Voilà, c'est fait, j'ai renfilé ma blouse. J'ai fini ce que M. Bidule prend pour du délire mystique, et le confirme dans l'idée que les psychiatres sont tous fous. Pourtant, cette légende n'est que partiellement fondée.

Mais attendez une minute avant que je me reboutonne. J'ai encore à dire avant que nous observions la famille en action. L'amour, ciment de la famille, entraîne dans son sillage un petit nombre d'obligations morales. Je ne parle pas d'« éthique », mot que la mode a autant galvaudé que celui de « dialogue », mais bien de morale. L'amour impose de se conduire d'une certaine façon et pas d'une autre.

Il réclame un travail sur soi, une discipline personnelle à chaque membre de la famille, qui doit s'y entraîner. Quand on n'est pas attentif à sa conduite, on l'est beaucoup plus à celle des autres. Quand on est indulgent à l'égard de soi, on l'est beaucoup moins pour les autres. C'est radical pour détruire l'ambiance.

Vérité et service

La vigilance sur soi est indispensable pour transmettre les valeurs de l'amour aux enfants. Sans elle, ce que prétendrions leur inculquer serait démenti par nos actes. Ils s'imprègnent des comportements des adultes plus que de ce qu'ils racontent, et sont très sensibles à la cohérence entre conduite et discours. Si celle-ci manque, ils se révoltent, et ils ont raison. Quand vous aviez leur âge, n'avez-vous jamais crié comme eux : « C'est pas juste ! » ?

Si vous êtes vrai, vous avez toutes les chances d'avoir des enfants vrais avec eux-mêmes et avec les autres. La vérité seule rend la confiance possible entre êtres humains. On ne construit pas une communauté sur le mensonge ou la déloyauté. Ils ont besoin d'en faire l'apprentissage.

Très jeunes, ils mentent avec une aisance extraordinaire : simple tactique pour atteindre efficacement leur but, quand la vérité ne marche pas. Si vous les prenez en flagrant délit, et qu'ils ne vous ont jamais vu tricher avec vous-même, votre conjoint, ou surtout eux-mêmes, ils sauront que vous êtes juste. Un aveu difficile est une belle victoire sur soi-même. Quand vous le récompensez sans punir bêtement la faute, ils commencent à estimer la vérité et à en goûter la saveur.

Mais les parents leur disent-ils toujours la vérité ? Devant des questions embarrassantes, n'admettent-ils de la déguiser ? Si c'est le cas, ils doivent savoir que de légers indices les trahissent, parce que le mensonge demande un important effort mental qui se traduit dans le corps. Les muscles faciaux se tendent, les pupilles se contractent et le regard se détourne. La vérité exige moins de travail : les muscles sont détendus, les pupilles ouvertes et on regarde droit. L'interlocuteur peut parfaitement percevoir ces discrètes modifications.

L'enfant a sa vision du monde, bâtie sur sa petite expérience. L'adulte a la sienne, construite sur des compréhensions plus vastes. Les parents se sentent parfois acculés à tricher parce qu'ils évaluent les questions à partir de leur vision adulte du monde, ce qui n'est pas ce que l'enfant attend. Quand vous êtes gêné, accordez-vous un moment de réflexion, et tentez de saisir la question avec ses yeux. Alors, votre réponse correspondra à ses besoins et fera croître son expérience.

Lui demander des précisions peut éviter des mésaventures. Fabien, huit ans, demande à sa mère, en parlant de son petit frère : « Comment il est venu, Sébastien ? » La mère rougit, balbutie des histoires de cigognes ou d'ovules – je ne sais plus –, jusqu'au moment où Fabien l'interrompt : « Mais non, maman, tu comprends rien, comme il a fait pour rentrer ce soir de l'école ? »

Mais il arrive aussi aux grandes personnes de faire de très grosses bêtises qu'ils n'osent avouer ni à leurs enfants, ni à leur conjoint !

D'autre part, l'amour rend service. Je vais beaucoup plus loin que de constater, comme je l'ai déjà fait, que, par nécessité, tout le monde doit mettre la main à la pâte. Je parle de la décision claire, ferme, et entretenue quotidiennement de se mettre, par amour, au service des autres dans la famille. Elle est posée à l'origine par le couple fondateur. Si, grâce à l'exemple des parents, chacun a dans l'esprit de servir les autres, la famille devient un paradis.

Les conjoints ne cherchent pas à prendre le pouvoir l'un sur l'autre, mari sur la femme, femme sur le mari, mais à se rendre service en toute occasion possible. Parents, ils montrent à leurs enfants que leur autorité est au service de leur éducation. Il devient concevable à ceux-ci de rendre librement service à leur tour, et uniquement par amour. De même, il est facile de changer l'objectif des rivalités fraternelles : s'ils se battent par jalousie, ils peuvent aussi jouer au concours « À qui rendra le plus service ». La compétition reste, le but est plus constructif. Ils sortent de l'égoïsme qui leur était aussi instinctif que le mensonge.

Dans la famille se développe une émulation qui a d'autres conséquences sur son atmosphère : plus de modestie, donc plus de place et de respect pour chacun ; plus de douceur et de patience, parce que le comportement des autres n'est pas compris comme une violation de son territoire ou de son autorité. Chacun devient conscient qu'il est responsable de l'ambiance commune, donc du bonheur de tous.

Maintenant, je suis enfin reboutonné. J'en ai terminé avec la morale, et je ne vous en inflige pas plus. La morale a mauvaise presse aujourd'hui, et c'est dommage. J'ai insisté sur ces deux catégories, la vérité et l'esprit de service, car je ne les vois nulle part évoquées. Pourtant, à notre époque, où la corruption pourrit la société, il faudrait peut-être commencer par elles et les cultiver là où elles sont possibles : dans la famille. Alors, grâce aux adultes conscients de leurs responsabilités collectives que les familles auront formés, la société redeviendra plus vivable.

Les quatre ingrédients

Délaissons le cycle de la vie familiale, et arrêtons le temps pour regarder la famille fonctionner.

Dans mon travail thérapeutique, l'œuvre de Virginia Satir est ce que j'ai trouvé de plus opérationnel. Décédée en 1988, cette thérapeute américaine a aidé plus de trois mille familles, soit dix mille personnes, de son immense bon sens. Pour une fois, je vais même me permettre de vous conseiller une lecture en psychologie ! Si vous êtes intéressé, je vous invite à lire son remarquable *Pour retrouver l'harmonie familiale*, dont les références sont données en annexe. Plus destiné aux familles qu'aux spécialistes, il en apprend aussi énormément à ces derniers !

Selon Satir, quatre ingrédients s'influencent entre eux pour donner une famille heureuse ou malheureuse :

1. l'estime de soi,
2. la communication,
3. les règles,
4. les rapports avec la société.

Ainsi, dans les familles épanouissantes, chacun a de l'estime pour soi-même et communique clairement et honnêtement avec les autres ; les règles qui y ont cours sont fermes, mais elles savent évoluer ; ces familles sont ouvertes sur l'extérieur.

Au contraire, dans les familles en difficulté, les gens doutent d'eux-mêmes, la communication n'est pas nette, et les règles sont obscures et rigides ; ces familles sont repliées sur elles.

Dans les premières, il fait bon vivre ; dans les secondes, non. Avec ces quatre éléments, vous pouvez déjà, lecteur, commencer à situer votre propre vie de famille. Vous sentez-vous bien chez vous ?

Quand vous vous sentez bien chez vous, vous avez confiance en vous. Vous aimez le visage que vous voyez le matin dans le miroir de la salle de bains. Vous avez l'impression que les activités et les caractères différents des uns et des autres enrichissent vos échanges de manière fantastique. Vous êtes à l'aise dans cette variété qui vous rend heureux. Chez vous, il est convenu d'un commun accord, par exemple, que les enfants vous laissent dormir le dimanche matin ; chaque samedi, papa et les enfants font la cuisine pour que maman se repose ; et, deux fois par semaine, les enfants visionnent un film qu'ils ont enregistré à la télévision. De temps en temps, en fin de semaine, vous aimez partir tous en expédition-surprise à la Cité des sciences de La Villette, ou au Mont-Saint-Michel.

Inversement, remarquez qu'à chaque fois que vous vous sentez mal en famille, l'un ou plusieurs des quatre points est en cause. Ce matin-là, le miroir vous rend l'image d'un homme pas très sympathique. Vous ne vous sentez pas à la hauteur. Vous avez peut-être essuyé un revers professionnel qui vous a atteint. Alors, la vie à la maison ne vous paraît pas aussi agréable. Vos problèmes ne semblent pas intéresser grand-monde, ce dont vous leur en faites, secrètement ou pas, le reproche. Vous avez demandé à votre fils s'il comptait rentrer tard ce soir. Il s'est mis en colère, a crié qu'il en avait marre d'être traité comme un bébé, et il est parti en claquant la porte. Vous avez préparé un bon plat mijoté et vous l'avez servi à huit heures et quart, et non à huit heures. Toute la famille vous fait la tête, parce qu'« il faut manger à huit heures ». En classe, votre professeur vous a félicité plusieurs fois, et voilà que son appréciation sur le carnet de notes est très froide, un tantinet négative ; vous êtes désappointé ; vos parents n'en tiennent pas compte, tiennent l'écrit pour parole d'Évangile et n'entrent pas en contact avec le professeur pour éclaircir la situation.

Les quatre ingrédients dégagés par Satir constituent de bons analyseurs de la vie familiale. Ils fournissent surtout de bons moyens d'action pour l'améliorer si elle est en souffrance. Quel que soit le passé, il n'est jamais trop tard pour s'aimer plus, communiquer mieux, assainir les règles, et s'ouvrir plus fructueusement sur l'extérieur. Il suffit de traiter le paramètre le plus touché, celui qui saute aux yeux, et les trois autres s'améliorent en cascade.

Reprenons l'exemple de la règle tyrannique : « Il faut manger à huit heures. » Réunissons la famille, et arrangeons-nous pour qu'elle introduise un battement d'une demi-heure avant et d'une demi-heure après l'heure fixée. La règle devient : « Il faut manger à huit heures, plus ou moins une demi-heure. » Les plats seront meilleurs, parce que la cuisinière sera plus détendue. Elle verra son travail apprécié, et s'appréciera elle-même dans ce qu'elle fait. Pour attendre, ou parce que le repas sera déjà terminé, papa regardera un petit morceau de Journal télévisé qui l'intéressera à ce qui se passe dans le monde. Les enfants qui auront faim avant huit heures pourront le dire à leur mère. Pour eux, on dînera éventuellement plus tôt. Si les enfants ont du travail en retard, ou le père du bricolage, ils pourront communiquer à la cuisinière leur désir de dîner plus tard. Chacun se sentira mieux dans la famille.

Je me centrerai d'abord sur les trois premiers des quatre ingrédients, estime de soi, communication et règles, parce qu'ils forment la trame du réseau familial. La famille est un système vivant, comme un arbre, un animal, ou le corps humain le sont. À l'intérieur de lui-même, ce système entretient des relations complexes entre ses membres, en fonction du rôle que chacun y tient. C'est sa vitalité qui l'ouvre sur l'extérieur qui, à son tour, le stimule, pour qu'il soit toujours plus vivant.

6

Vous aimez-vous ?

La question pourrait aussi être formulée : « À vos yeux, que valez-vous ? » Si vous pensez que vous ne valez rien, vous ne vous aimez pas. Si vous pensez que vous valez quelque chose, vous vous aimez.

L'amour de soi et la vie de famille

Si vous ne vous aimez pas, l'atmosphère familiale s'en ressent. Vous utiliserez ce sentiment pour les manipuler.

Ou bien, vous les laisserez tout faire dans la maison, manifestant ainsi que vous vous en jugez incapable. Vous deviendrez un poids, ce qui vous confirmera dans l'idée que vous ne valez pas grand-chose. Il faudra qu'ils vous traînent, et les années passant, vous vous enfermerez dans une amère solitude.

Ou bien, vous plaignant de vous-même, vous attendrez des autres qu'ils passent leur temps à vous regonfler le moral, et qu'ils vous démontrent sans cesse que vous êtes gentil, agréable à vivre, et doué. Il est possible qu'ils se lassent, et plus tôt que vous ne pensez. La pêche aux compliments ne marche qu'un moment. Après viennent de longues années de ruminations et de râleries sur l'injustice et le manque d'attention des autres à votre égard. C'est aussi une voie sans issue.

Cela dit, dans une famille, personne n'est en pleine forme en permanence ! Il faut distinguer les états bien normaux de fatigue, où l'on est « à plat », et les baisses du sentiment de sa valeur personnelle. Ce sentiment s'apprend dans l'enfance, puis évolue en fonction des expériences de vie.

Si vous avez été élevé dans une famille épanouissante, vos parents s'aimaient eux-mêmes, et vous aimaient pour vous-même, tel que vous étiez.

Vous avez lu cet amour dans leur regard quand vous appreniez péniblement à marcher, que vous êtes rentré l'œil poché après votre première bagarre sérieuse avec un copain, que vous avez eu un résultat catastrophique à l'école, que vous étiez radieux d'avoir fait tout seul cent mètres à la nage. À chaque fois, vous avez lu dans leur regard : « Mon enfant, je crois en toi », qui vous donnait envie de conquérir le monde. Ils ne vous considéraient pas comme un beau joujou ou un parasite à peine tolérable. Ils ne vous demandaient pas de vous conformer à l'image d'un enfant idéal qui n'aurait existé que dans leurs rêves. C'est vous qu'ils aimaient. Alors, vous avez pu apprendre à vous aimer, et construire un fort sentiment de votre valeur personnelle, qui résiste aux bourrasques de la vie. Vous êtes en mesure de fonder et d'animer une famille épanouissante, et de transmettre ce sentiment positif d'eux-mêmes à vos enfants.

Quelle que soit la famille dont nous sortons, il y a en effet des jours où rien ne va comme nous l'espérions. Nos efforts semblent déboucher sur le néant. Nous nous mettons à douter de nous, et risquons de le faire payer à nos proches.

Si, à la suite d'une algarade, je commence à penser que « de toute façon, je suis incapable de discuter correctement avec mon fils adolescent », je ne vois plus l'échec ponctuel, dans une situation donnée, qui pourrait être analysé pour en tirer profit. Je généralise et trouve un bouc émissaire : c'est moi, « je suis un incapable ». Je ne peux plus étudier ce qui s'est passé réellement avec mon fils pour l'améliorer. Je me referme sur moi douloureusement, et la famille en souffre. Pourtant, la vie apporte d'innombrables occasions d'échecs qui sont autant d'occasions de progresser.

Si j'ai construit dans le passé un fort sentiment de base de ma valeur personnelle, je réagis. Je sais qu'éprouver de n'être pas à la hauteur est inévitable de temps à autre. Ayant reconnu le goût détestable de ce sentiment-poison, je cours à la poubelle l'y cracher. Ainsi, apaisé, je peux reprendre le conflit en famille, et leur dire très simplement que j'ai été touché. Si je ne communique pas mes sentiments, comment me connaîtraient-ils ? Ils y ont droit. Je suis un être humain avec une sensibilité propre qui fait mon individualité. J'ai le droit aussi de savoir ce qu'ils ont éprouvé lors de l'algarade. Ainsi, apprivoisés réciproquement, nous pouvons voir en quoi nous nous sommes mal compris, ou bien déterminer si une règle en vigueur dans la famille n'est plus adaptée aux besoins, et en élaborer une autre, actualisée. Ce travail honnête a un résultat immédiat : l'amour de soi remonte en chacun, et la famille est plus heureuse que jamais.

Apprendre à s'aimer

Mais comment faire si l'on ne sort pas d'une famille épanouie ? Est-on condamné à empester l'atmosphère ? Évidemment, non.

Nous avons tous des exemples de personnes dont l'enfance a été malheureuse et qui ont fondé une famille heureuse. Il est vrai aussi – la clinique le montre quotidiennement – que d'autres, sans s'en rendre compte, répètent sur leurs enfants les souffrances qu'ils ont subies jeunes. La différence entre les deux tient à ceci : les premiers, après leur départ du foyer parental, ont vécu des expériences de vie positives qui leur ont appris à s'aimer.

Une expérience n'est pas positive en elle-même, mais par ce que l'on en tire de connaissance vraie de soi. Bien sûr, mieux vaut une promotion professionnelle qu'un déclassement ou le chômage. Cependant, nombreux sont les adolescents qui doutaient d'eux qui se dévouent un jour à une grande cause, patriotique, politique, religieuse ou humanitaire, et souffrent pour elle. Ils se dépassent. Ils n'auraient jamais cru être capables de résister à la faim, à la soif, voire à la prison ou au danger de mort. Ils acquièrent un nouveau regard sur eux.

Nous avons autour de nous quantité d'exemples moins spectaculaires, mais tout aussi efficaces, et à n'importe quel âge, dans lesquels de nouvelles expériences changent du tout au tout la façon de se considérer. Je pense à cet homme, frustré et râleur, qui apprit le piano à quarante ans. Toute sa vie en fut changée, à ce point que ses proches ne le reconnaissaient pas. Il devient sociable, souriant, bref épanoui. Ses enfants se souviendront leur vie entière de la merveilleuse transformation de leur père. Elle valait bien d'attendre quelques années pénibles.

De plus, si vous ne vous aimez pas et que vous voulez changer, sachez que votre famille est la meilleure école pour le faire. Les jeunes gens incertains qui tombent amoureux n'apprennent-ils pas à s'aimer sous le regard de l'autre ? En entendant : « Je t'aime », ils commencent à se sentir capables de quelque chose de bien dans l'existence. Vous avez votre bébé dans les bras et il s'y abandonne complètement, longuement. Ne sentez-vous pas qu'il vous rend fort, et que vous êtes un type sympathique ? Votre fille de dix ans pleure d'une réflexion vache d'une petite amie, et vous la réconfortez. Elle retrouve le sourire : vous êtes le rocher sur lequel elle s'appuie. Sa confiance en vous vous donne la vôtre.

Un réservoir bien plein

Tirons tout leur suc de ces expériences, et entretenons l'ambiance qu'elles créent en communiquant clairement et en ayant des règles familiales saines. Et surtout, surveillons le niveau de notre amour de nous, comme nous surveillons la jauge à essence de la voiture en conduisant. La famille a besoin que chacun ait un réservoir bien plein d'amour de soi. La route est longue. Le plus souvent, quand l'atmosphère familiale devient pesante, c'est que les membres n'ont pas pris garde au niveau de leur réservoir. Ils l'ont laissé se vider à leur insu.

Posons-nous la question : aujourd'hui, où en suis-je ? Mon réservoir d'amour de moi est-il plein, vide, en train de se vider ? Suis-je en train de le remplir ?

Hier, votre réservoir était plein, et aujourd'hui, vous ne vous sentez pas bien : il est en train de se vider. Pour le remplir de nouveau, progressez en trois étapes :

1. Dans votre for intérieur, comment expliquez-vous qu'il se vide ? Quelle situation récente est en cause ? Une réflexion mal prise, peut-être mal formulée ? Vous a-t-on empêché de faire une chose à laquelle vous teniez ? Avez-vous empêché quelqu'un de faire quelque chose à quoi il tenait ? D'autres facteurs, notamment extra-familiaux, sont-ils en jeu ?
2. Pouvez-vous vous ouvrir de vos sentiments aux membres de votre famille impliqués, en leur disant, avec simplicité, que vous êtes à bas niveau ? Où en sont les niveaux de leurs réservoirs ? Ils sont très probablement assez bas, et cela mérite que vous soyez au courant.
3. Pouvez-vous reprendre le problème avec eux du point de vue de votre communication et de vos

règles ? Pouvez-vous, ensemble, éclaircir et modifier ce qui doit l'être, pour que la famille aille de l'avant avec des réservoirs bien pleins ?

Cet ensemble de questions a l'air un peu compliqué, mais n'en a que l'air. Elles sont logiques, d'un maniement aisé et, avec un peu de bonne volonté, aident à une résolution rapide qui remonte les niveaux des réservoirs.

Si vous avez passé des années avec un réservoir à sec, attendant des autres qu'ils fassent tout à votre place ou qu'ils vous regonflent le moral à la demande, il n'est pas trop tard pour changer. Commencez maintenant par un petit pas dans la bonne direction, puis un autre petit pas.

Si vous êtes du genre passif, faites au moins une fois ce qui vous est le moins difficile. Vous avez le choix : dresser la table, aller aux courses, sortir la poubelle, ou préparer un dîner, même froid. La deuxième fois sera moins difficile, et méfiez-vous : on prend vite goût à la vie de famille.

Si vous êtes du genre râleur, au moment précis où vous allez démarrer votre jérémiade (je le sais, vous avez un scénario bien au point), marquez un temps d'arrêt de trente secondes, puis regardez la personne la plus proche de vous, faites-lui un grand sourire pendant quinze secondes, puis démarrez votre jérémiade si le cœur vous en dit, vous avez la permission. Répétez l'entraînement deux fois par jour. N'est-ce pas agréable de sentir votre réservoir se remplir ?

En fin de compte, ce qui devrait, toujours et en toutes circonstances, fonder l'amour que nous nous portons, c'est que nous sommes des personnes humaines. Toute personne a droit au respect et à l'amour, parce qu'elle est libre, capable de ressentir, de penser, de désirer, de vouloir, d'agir, et d'aimer.

D'autre part, il n'y a pas deux personnes semblables et chacune est unique. Chacune est un univers.

À travers l'insoutenable de ses horreurs persistantes, notre époque nous a appris qu'il est urgent de respecter la dignité de l'homme. Les Droits de l'homme commencent en nous. Nous devrions y réfléchir quand le niveau de notre réservoir baisse. Nous devrions alors nous mettre devant un miroir, et déclarer à l'homme que nous y voyons que, quelque faible et peut-être misérable qu'il se sente, nous, nous l'aimons, et voulons en prendre grand soin, parce qu'il y a droit, parce qu'il a la dignité incomparable d'être une personne.

7

La communication familiale

Une communication claire est le moyen efficace de se faire connaître aux autres, et de les connaître, ce qui est le seul chemin pour construire une communauté de personnes. Cela suppose d'en avoir la volonté.

J'éprouve le besoin de me faire connaître à ma femme ou à mon fils, et j'y travaille chaque jour un peu plus, parce qu'ils sont très importants pour moi. Mon effort de communication leur montre la place qu'ils tiennent dans le cœur de celui qu'ils aiment. S'ils sont dignes de mon amour, ils sont dignes du leur.

Communiquer ses sentiments

Échanger des idées est bien, mais vous pouvez en échanger aussi avec un livre, et à la limite avec un ordinateur. Quand deux personnes s'aiment, ce n'est pas ce type de communication qu'elles recherchent !

Certes, l'idée est importante. Plus importante est la façon dont la personne se révèle à l'autre en la développant, en la défendant, et en l'argumentant. Elle manifeste le style unique qu'elle a de ressentir le monde et d'y réagir. Je suis très heureux que ma femme apprécie l'histoire ; je le suis plus encore de découvrir ce qui, dans les périodes qu'elle étudie, l'ennuie, l'amuse, ou la passionne. C'est elle qui m'intéresse, plus que l'histoire. Pour se faire connaître, nous devons communiquer nos sentiments, parce qu'ils dévoilent notre individualité. Autrement, nous retombons dans l'informatique.

Manifester clairement et directement aux autres nos joies, nos enthousiasmes, nos troubles, et nos peines est capital pour que la communauté vive. C'est une pratique habituelle dans les familles épanouissantes, rare dans les familles en difficulté.

Les sentiments naissent spontanément en nous. Ils s'imposent à la conscience. Si vous manquez de confiance en vous, vous vous en méfiez parce qu'ils sont incontrôlables. Ignorant de quelles profondeurs ils ont surgi, vous craignez qu'ils ne vous amènent où vous ne voudriez pas aller. S'ils sont intenses, vous avez peur de la catastrophe. Vous tentez de les maîtriser ou de les chasser, et naturellement vous échouez. Votre échec à les contrôler est pour vous la preuve que vous ne pouvez pas vous contrôler, ce qui aggrave votre manque de confiance en vous. Vous persévérez dans ces stupides efforts, qui vous paraissent de plus en plus nécessaires et urgents au fur et à mesure de vos échecs successifs. Vous installez en vous une véritable bureaucratie psychique, pour qu'ils n'aient plus voix au chapitre dans votre gouvernement intérieur. Les sentiments réduits au silence, leur énergie ne peut plus que saper vos fondements. Pourtant, en eux-mêmes, ils sont absolument neutres : vous n'êtes pas coupable d'éprouver un mauvais sentiment, pas plus que vous n'êtes un type bien parce que vous en avez de bons.

Ils constituent un admirable système de guidage de votre personnalité : ils vous indiquent ce qui, vous, et pas un autre, vous attire et vous répugne. Vous avez besoin de le savoir pour décider ensuite la route que vous voulez suivre. Il est nécessiare que vous sachiez que tel être, telle chose, ou telle situation vous paraît désirable, vous rend joyeux, vous dégoûte ou suscite de la colère en vous, pour être en mesure de choisir. Si vous vous en privez, vous marchez dans la vie à l'aveuglette, et en en privant les vôtres, vous faites marcher toute la famille à l'aveuglette.

Les carapaces, et comment s'en débarrasser

Si vous avez déjà derrière vous de nombreuses années passées avec un réservoir vide, alors vous avez passé aussi de nombreuses années à vous couper de vos sentiments. Plutôt que d'imprimer votre marque vivante à la famille, vous vous êtes figé dans une carapace qui ne permet à personne de vous connaître tel que vous êtes. Elle interdit tout échange clair et direct, qui pourrait éveiller en vous des sentiments dont vous ne voulez pas entendre parler. Satir décrit quatre types courants de carapaces.

L'esclave dévouée est humblement soumise à tous, leur obéit tristement et ne prend aucune initiative. Martyre effondrée, elle ne se plaint même pas. Si elle réussit ainsi à utiliser son sentiment d'être zéro, son écœurante résignation décourage d'entretenir des relations avec elle.

L'affolée a toujours quelque chose à faire dans la maison. On ne la voit jamais assise tranquillement au milieu des siens. Elle virevolte et donne le tournis. Quand il y a moins de travail, elle s'affole un peu plus, va plus vite et plus en désordre. À ce prix, elle parvient à fuir son sentiment de vide intérieur, mais pour avoir des relations avec elle, il faudrait l'apercevoir de temps en temps.

Pour le très sérieux *programmateur*, la vie est calcul de paramètres. Pédant, il sait tout et donne des cours sur tout. Il planifie les emplois du temps de chacun. Les vacances, les loisirs et une invitation à dîner sont des problèmes à traiter, au même titre que les études ou le travail. Le laisser-aller et l'humour n'ont pas de place. Il réussit à fuir son sentiment de vulnérabilité, et on le fuit aussi parce qu'on en a pour des heures à la moindre bagatelle.

Le râleur accuse tout et tous de leurs insuffisances. Rien n'est fait comme il faut. La municipalité est idiote d'avoir mis des immeubles en pleine ville, la femme est stupide d'avoir mis le poulet au four et non à la broche, le fils est un imbécile d'avoir mis son cartable dans l'escalier et pas dans sa chambre. Le râleur arrive à fuir le sentiment qu'il est un raté, mais, dans la famille, on a marre de se faire enguirlander pour n'importe quoi.

Si jamais vous vous êtes encarapaçonné de l'une, l'autre ou plusieurs de ces manières, je vous plains et je plains les vôtres. Puisque maintenant, vous en avez pris conscience, le principal est fait.

Je vous invite ensuite à relire plus attentivement le chapitre précédent. Vous devez, de toute urgence, mettre en pratique les Droits de l'homme en vous. Allez seul devant un miroir dans la maison, et faites-vous une longue déclaration d'amour, bien plus longue que celle que j'ai indiquée. Brodez, vous en valez la peine. Le niveau de votre réservoir va enfin commencer à monter. Ce sera un peu déconcertant au début, puis franchement délicieux. Mais n'allez pas trop vite : c'est si nouveau, savourez. Répétez votre déclaration d'amour deux ou trois fois par jour, en variant. Entre les exercices, pensez à ce que vous direz de sympathique à la personne que vous allez bientôt retrouver dans la glace. Servez-vous de votre imagination. Il y a bien des choses entre le sommet du crâne et la plante des pieds pour lesquelles vous pourrez honnêtement vous féliciter, et d'abord, la plus essentielle, celle d'être une personne humaine.

Manipulation

Quand on s'estime peu, on se sert moins de la communication pour faire connaître ses sentiments aux autres que pour les manipuler afin qu'ils se conforment aux attentes qu'on en a pour bien jouer son rôle. Une victime a besoin de persécuteurs ; un râleur, de boucs émissaires ; une affolée, de paresseux qui lui abandonnent tout le travail de la maison ; un programmateur, d'un conjoint et d'enfants pour remplir ses cases. Quand l'autre est réduit à n'intéresser que s'il donne la bonne réplique, il n'est plus reconnu comme une personne. Il le sent, et se sent mal. Son estime de lui baisse, son réservoir se vide.

Ce qui est vrai des rôles tenus de longue date l'est aussi ponctuellement, à chaque fois que nous manipulons nos proches sans considération de leurs privilèges de personnes humaines. Sommes-nous assez honnêtes pour ne jamais succomber à la tentation ? Admettons qu'il nous arrive des accidents.

Cependant, pour nous éviter des scrupules déplacés, distinguons : il y a manipulation et manipulation. À moins de vivre, solitaires, sur une île déserte, nous ne pouvons pas ne pas influencer les autres, et eux ne peuvent pas plus ne pas nous influencer. Le tout est de choisir ce que nous faisons de notre influence. Dans la famille, comme dans la société, ou bien nous l'employons à la construction de la communauté pour contribuer à son bonheur, ou bien nous l'employons pour notre profit égoïste, sans considération des sentiments, des besoins, des espoirs et des attentes des autres.

Certaines formes de communication offrent plus que d'autres des opportunités à la malhonnêteté délibérée. Mais nous pouvons aussi les utiliser à notre insu. Nous n'avons pas conscience d'avoir communiqué de travers, et sommes très surpris de la réaction de l'interlocuteur. Nous ne comprenons pas : « Je n'avais pas cherché ça. » Malheureusement, la conséquence sur son réservoir est la même que si nous avions été malhonnêtes. Il se sent floué. Plusieurs fois par jour, nous tombons dans ces pièges. Leur effet annule la meilleure bonne volonté du monde. Ils sont à l'origine d'innombrables conflits familiaux et même politiques, entre gens honnêtes. Certains ont causé des guerres. Donc, mieux vaut en dire un mot. Les déjouer demande de l'entraînement. Faire l'effort de communiquer clairement est une exigence de l'amour.

Voici quelques exemples parmi les plus significatifs de mauvaise communication, perturbée intentionnellement ou pas.

Les devinettes

Commençons par les devinettes. Dans les familles en difficulté, on y joue beaucoup. On estime que, puisque l'on vit ensemble depuis tant d'années et que l'on s'aime, ce que l'on pense et ressent est parfaitement évident aux autres. Ils comprennent forcément ce qu'on dit. S'ils manifestent le contraire, ce sont des salauds qui font semblant.

C'est faux. Plusieurs personnes sont dans la même pièce au même moment. À l'intérieur, chacun véhicule des trains de pensées et de sentiments qui l'emmènent souvent très loin de ceux des autres. Certaines préoccupations sont communes à tous, mais pas présentes au même degré dans la conscience de chacun. Les autres ne peuvent pas deviner sur quelle planète nous sommes, proche, lointaine, ou hors galaxie, pas plus que nous ne pouvons le deviner chez eux. Personne ne trahit personne. Notre cerveau voyage parce que c'est son travail normal, mais bien des malentendus peuvent survenir. Seule une explication claire, directe et simple sur ce qui se passe en nous les évite.

Par exemple, il est 14 heures, nous avons fini de déjeuner et nous prenons le café. Ma femme me voit absorbé. Comme, demain, notre quatrième fils sera opéré des amygdales, elle devine que je me fais un peu de souci, et que je ne veux rien en montrer parce que je suis médecin. Elle s'approche et me glisse des paroles réconfortantes : « Tu sais, chéri, ce n'est rien ; demain soir, nous serons débarrassés, et notre petit Jacques respirera tellement mieux. » Je l'envoie paître, et, reculant sous le choc, elle fond en larmes. En fait, je ne pensais plus du tout à l'intervention. C'est vrai, je n'aime pas les opérations. C'est la quatrième en trois ans dans la famille, et je n'ai pas gardé un bon souvenir des précédentes, infiniment plus sérieuses. Mais là, à cet instant précis, je réfléchissais à ce que j'allais écrire dans ce livre sur... la communication ! J'avais ainsi oublié le petit souci pour Jacques, et voilà qu'elle me le rappelle ! Je le lui explique. Devant la force de sa réaction émotionnelle, je pense qu'elle-même se fait probablement du souci pour l'opération. Je l'ai négligé, parce qu'elle est habituellement très calme. Mais comme je ne veux pas jouer aux devinettes, je lui pose la question. Oui, elle est anxieuse. Elle trouve son inquiétude idiote puisque l'intervention est bénigne. Elle est pressée d'aller à la pharmacie acheter les gouttes que le chirurgien lui a demandé de mettre dans le nez de Jacques pour le préparer. Donc, nous partagions la même préoccupation, mais elle se concentrait dessus, et moi, je m'en distrayais. La clarté de notre communication a rétabli l'équilibre.

Chacun d'entre nous est un monde. N'avez-vous jamais eu besoin de vos enfants pour qu'ils vous aident dans un bricolage, ou mettent la table ? Vous les avez appelés alors qu'ils étaient absorbés dans une lecture ou un jeu électronique passionnant. N'avez-vous pas remarqué leur manque d'enthousiasme ? Ils tenaient la planche que vous vouliez scier de travers ; ils avaient oublié les verres et les serviettes. Vous les avez grondés parce que vous avez deviné qu'ils y « mettaient de la mauvaise volonté ». En effet, leur esprit était resté dans leur lecture ou leur jeu. Eh bien, ce qui arrive aux enfants arrive aux adultes, mais ceux-ci le cachent mieux par bienséance. Le résultat est le même. On reproche à l'enfant d'être paresseux ou distrait. On reproche à l'adulte d'être injuste ou de ne pas chercher à comprendre. Il est ailleurs, il y a droit, et vous devez comprendre qu'il lui faut un certain effort pour être un peu plus avec vous.

Voici maintenant des raffinements très prisés du jeu des devinettes, dans lesquels la tranquille malhonnêteté de la vie ordinaire est plus évidente : répondre d'une manière floue, qui ne renseigne pas l'interlocuteur, répondre à côté, et laisser des points de suspension qui laissent à penser des choses peu agréables.

L'art du flou

Pendant les vacances, une grand-mère reçoit ses enfants et petits-enfants dans sa maison du Morbihan. Elle assume l'intendance de quinze personnes. Elle s'occupe de tout, courses, ménage et cuisine, parce qu'elle tient à ce que ses belles-filles se reposent. Elle est fatiguée, et ne veut pas le laisser... deviner. Pour une fois, elle irait bien à la plage pour s'y baigner et y déjeuner dans un petit restaurant qu'elle aime bien. Mais elle ne veut forcer personne, pour que ses enfants aient un bon souvenir de leur séjour. Elle va très gentiment voir son mari :

« Chéri, tu n'a pas envie d'aller à la plage aujourd'hui ? » Réponse : Ça m'est égal, je ferai exactement ce que vous me direz, demande aux enfants ce qu'ils veulent faire avec leurs petits. »

Elle trouve son premier fils. Même question, même réponse : « Comme tu veux, maman, ça m'est égal. » Deuxième et troisième fils, idem. Au bout d'une demi-heure d'enquête sur les désirs des uns et des autres, elle n'est pas plus avancée, sauf qu'elle est furieuse. Elle trouve la maison plus lourde que jamais : ils sont tous si passifs, et « pas moyen de savoir ce qu'ils veulent » ! Et personne ne semble comprendre la colère de maman.

Il était demandé à chacun de prendre la décision à la place des autres, et tous se sont dérobés. Si maman avait formulé clairement son désir d'aller à la plage, le mari et les enfants auraient pu se positionner. Le message caché de la mère est : « *J'ai* envie d'aller à la plage. Qui veut venir ? » À la place, elle dit : « As-*tu* envie d'aller à la plage ? » (sous-entendu : si c'est *votre* désir, je viendrai avec vous). Elle ne prend pas la responsabilité de son désir, mais la fait porter aux autres.

De leur côté, les réponses des enfants ont l'air parfaites. Ils sont exquis, ces gosses disponibles qui souhaitent satisfaire leur mère. En fait, ils lui envoient un message caché, beaucoup moins sympathique : « Fiche-moi la paix, je suis si bien comme je suis, je verrai plus tard si j'ai envie. »

On peut enfin imaginer que la mère n'ait pas du tout tenté de faire porter la responsabilité de son désir sur les autres. Il est possible que, quelle que soit sa fatigue, il lui eût été égal d'aller à la plage ou non. Elle avait quand même droit à des réponses claires des siens, parce que, sur quatre hommes interrogés, il est impossible qu'il n'y en ait pas eu un à avoir sa petite idée sur le projet ! Donc, à coup sûr, au moins un était malhonnête, sinon les quatre !

Pour que la communication soit épanouissante, évitons qu'elle ait des doubles fonds. Entraînons-nous à envoyer des messages directs et simples. Bannissons des formulations irresponsables telles que :
« Chéri, tu veux bien que je fasse ceci ou cela ? »
« Chéri, cela t'est égal que je fasse ceci ou cela ? »
« Chéri, ça ne t'embête pas de faire ceci ou cela dans la maison ? »

Et remplaçons-les par des formulations où ce que nous désirons, souhaitons et voulons apparaît vraiment :
« Chéri, j'ai envie de faire ceci, es-tu d'accord ? »
« Chéri, il y a ceci à faire dans la maison, je ne sais pas le faire (ou je n'ai pas envie de le faire), veux-tu t'en charger ? »

L'art des réponses à côté

Une autre manière courante de fausser la communication est de répondre à côté de la question.

Exemple :
– Un fils s'adresse à son père : « Papa, tu peux me prêter ce livre ?»
– Le père : « Tu sais bien que je n'ai pas le temps ! »

On ne voit pas en quoi il faut du temps pour prêter le livre posé à deux mètres sur la commode, mais ce genre de réponse est très efficace pour avoir la paix. Toutefois, au passage, on a mis l'autre dans un déséquilibre inconfortable. Il aurait été plus net et respectueux de dire oui ou non. Même s'il avait fallu argumenter un peu, les protagonistes s'en seraient sentis mieux.

Autre exemple :

– Le mari demande à sa femme : « Carol, veux-tu aller au cinéma ce soir avec moi ? J'en ai envie, cela fait longtemps que nous ne sommes pas sortis ensemble tous les deux. »

– Réponse : « Mais tu sais bien que mes parents arrivent la semaine prochaine ! »

Quel est le lien entre une soirée au cinéma et l'arrivée des parents dans huit jours ? Peut-être le ménage ? Le fait-elle entre 20 h et 23 h ? De l'intonation désagréable de Carol, son mari retient qu'elle ne veut pas venir. Il doit le deviner à travers une réponse absurde.

Son réservoir baisse, parce qu'il ne se sent pas bien d'être traité ainsi. Alors, de deux choses l'une. Ou bien le couple arrête là l'échange. Le mari se replie, morose, sur lui-même. La prochaine fois, il se méfiera. Il ne veut pas reprendre de nouveaux coups de cette sorte. Ou bien, il riposte : « Oh, tes parents, tes parents, ils viennent toujours au mauvais moment ! »

Cette deuxième réponse à côté déplace définitivement le tout sur le vieux terrain sur lequel madame avait commencé à le faire glisser, celui des relations conflictuelles avec les beaux-parents de monsieur. La scène de ménage démarre.

Cela dit, dans un couple, je préfère la scène bruyante au repli silencieux sur soi. Elle donne des chances d'arriver après à la table des négociations. On y arrive plus vite si l'on a assaini sa communication des messages à double fond, à côté, ou d'autres délicatesses qu'il me reste à exposer.

La technique des points de suspension

La technique des points de suspension permet de laisser planer un doute menaçant sur nos désirs, nos intentions, nos sentiments et nos pensées. Authentiquement terroriste, elle est à la portée de tout un chacun. Cette arme du pauvre est capable de répandre discrètement l'insécurité dans la vie familiale. En voici quelques échantillons qui se passent de commentaires :

Dialogue entre mari et femme : « Chérie, tu veux venir avec moi au cinéma ce soir ? » (Triste) : « Oh moi, tu sais... »

Ou bien, les mêmes : « Chérie, tu veux venir au cinéma ce soir avec moi ? » (Résignée) : « Oh ! moi, ce que j'en pense, tu sais, après tout... »

Le repas est servi. Les enfants (désabusés) : « Ah ! des épinards... »

Franck, dix-neuf ans, s'adresse à son père en présence de sa mère : « Dis, papa, tu peux me prêter la voiture ce soir ? » Papa se détourne vers maman (ennuyé et consterné) : « Ah ! ces jeunes, tu sais... »

L'intonation est très importante dans la communication, souvent plus que les mots. C'est elle que l'interlocuteur retient en premier. Quand le message ne contient aucune véritable information, c'est elle seule qui est captée. Il reste à l'autre la tâche surhumaine de l'interpréter pour trouver ce que le premier pensait sans vouloir le dire.

Dans le dernier exemple, d'après l'intonation, Franck peut deviner que son père est réticent, mais qu'au fond il est d'accord. Franck attend impatiemment la confirmation :

« Alors, c'est d'accord, papa ? »

Papa se délecte pour répondre : « Je n'ai pas dit ça, voyons. Ne me fais pas dire des choses que je n'ai pas dites. C'est formidable, ça, quand même ! »

Ou bien, d'après l'intonation encore, Franck peut deviner que son père est réticent et, au fond, pas du tout d'accord. Avec un soupçon de révolte, il lui lance : « Alors, c'est non ? »

Papa se régale encore : « Mais voyons, je n'ai pas dit ça. C'est formidable que tu ne nous laisses pas une minute pour réfléchir, ta mère et moi ! »

Dans les deux versions, le fiston a perdu et se sent nul. Son père lui a démontré qu'il ne comprenait rien, et qu'il était injuste et irrespectueux. Pour y parvenir, il l'a disqualifié, d'abord en établissant un mystérieux secret avec la mère, secret dont il était exclu, pour ensuite le faire jouer à de redoutables devinettes. La partie était trop inégale. Une réponse saine aurait été : « Nous aurons peut-être besoin de la voiture ce soir. Je n'en sais rien encore. Laisse-moi réfléchir une heure avec ta mère. »

Ou : « Écoute, la dernière fois que tu l'as prise, tu as fait l'imbécile avec tes copains. Alors je ne suis vraiment pas enthousiaste. Qu'est-ce qui me garantis que tu ne vas pas recommencer ? C'est pour aller où, faire quoi, et quand rentres-tu ? »

Franck, son père et sa mère s'en seraient sentis mieux.

Comment rendre idiots les siens

Nous contrôlons à peu près nos intonations, ce qui est commode pour s'en servir. Parfois, nous en laissons échapper qui ne nous plaisent pas, par exemple de colère. Elles manifestent ou trahissent nos états d'âme à l'interlocuteur. Elle lui permettent encore de déterminer comment réagir, même si c'est avec un fort degré d'incertitude. Dans la série des gentillesses quotidiennes qui empoisonnent la vie de famille, il y a pire. On peut envoyer son message d'une manière qui rend l'autre complètement idiot. Il ne peut même plus jouer aux devinettes. Les professionnels nomment ces délicatesses des « doubles liens ».

Pour les comprendre, il faut savoir qu'il y a plusieurs niveaux dans la communication :

– Premier niveau : les mots prononcés.

– Deuxième niveau : pendant que nous parlons, notre corps envoie aussi un message, qui est comme un commentaire sur ce que notre langue énonce. L'intonation en fait partie, mais aussi tout le reste du comportement corporel : mimique, regard, et attitude. Quand les deux niveaux concordent, le message est bien reçu. S'ils ne concordent pas ou sont contradictoires, l'interlocuteur est immédiatement mal à l'aise.

Il peut se rendre compte de l'incongruité, comme dans le cas où l'on dit quelque chose ironiquement. Les mots prononcés sont ceux de l'amabilité, mais l'intonation est sarcastique. L'autre pense : « Il se fiche de moi ! » Il est sauvé.

En effet, il peut aussi ne pas s'en rendre compte parce que l'incohérence est trop subtile à déceler. Bien que contradictoires, les deux messages sont présentés comme allant naturellement ensemble. Il peut encore s'en sortir s'il parvient finalement à dépister l'incongruité et à la faire remarquer. Cela n'est pas toujours possible, et pour y arriver, il faut traiter d'égal à égal.

Si le receveur du message est dans une position telle dans la famille qu'envisager une incohérence de l'émetteur est impensable, il est perdu. C'est le cas des jeunes enfants avec leurs parents : ils n'en ont ni les moyens ni le droit. Envisager que papa et maman puissent être incohérents ouvre sur une perspective si effrayante qu'elle ferait s'effondrer leur univers. Ils sont piégés, et leur réservoir se vide.

Donc, premier lien : l'association de deux messages contradictoires à deux niveaux différents de communication ; deuxième lien : l'impossibilité de dépister et de commenter le premier.

Un père dit à son fils de quatre ans qui rentre de vacances de chez ses grands-parents : « Ah, je suis content que tu sois de retour à la maison après ce mois là-bas ! » Il sourit et ouvre des bras accueillants, qui montrent qu'il attend un chaleureux baiser. Tout est dans l'ordre. Mais sans même en avoir conscience, le père peut dire les mêmes mots, les bras croisés sur lui, le visage serré. Quelque chose ne va pas. L'enfant qui courait vers son père se sent tout bête, et, malheureux, ne sait plus quoi faire.

Dans son esprit, son père ne peut être que content de le revoir après cette longue absence. Il dit qu'il l'est, mais son corps dit le contraire. Si le petit le dépiste, il ne peut pas commenter : « Mais, papa, tu me dis que tu es content, mais tu fais la tête, je ne comprends pas. » Ne pouvant ni penser ni exprimer ce qu'il ressent, il préfère douter de ce qu'il a perçu, et conclure qu'il s'est trompé. Il est rassuré à ce prix. Papa est forcément content de le revoir. Autrement, son monde s'écroule. Pourtant, il ne s'était pas trompé. Mais là, on lui a appris à douter de lui. On lui a appris qu'il n'avait pas vu ce que ses yeux ont vu, mais qu'il a cru voir ce qu'il a vu. Son réservoir baisse.

Les hommes politiques sont des maîtres dans l'utilisation des doubles liens pour manipuler leur électorat. Ceux qu'ils emploient sont infiniment plus sophistiqués que celui, élémentaire, que je viens de décrire. Ils manient non seulement les contradictions des énoncés avec les intonations, attitudes et mimiques, mais aussi les contradictions entre différents niveaux d'abstraction logique. En voici un seul exemple que je n'analyse pas, laissant ce soin aux spécialistes.

Au XVIIIe siècle, sur l'île de Tarla-Tarla, un roi décida d'entrer en guerre contre l'île voisine de Turlu-Turlu. Comme il savait qu'elle ne serait pas populaire, parce que les deux îles étaient amies depuis des temps immémoriaux et qu'elle causerait beaucoup de morts, il dit à son peuple : « Ce n'est pas parce que depuis des siècles Turlu-Turlu est bien plus riche que nous, qu'il est pensable de... *lui faire la guerre.* Ce n'est pas parce que Turlu-Turlu ne nous a jamais fait participer à sa richesse qu'il est pensable de... *lui faire la guerre* pour en avoir rien qu'une petite miette. Ce n'est pas parce que Turlu-Turlu nous voit crever de faim sans rien faire à chaque saison sèche que... *nous allons lui faire la guerre !* » La foule assemblée demanda la guerre immédiate à grands cris, et le roi parut s'incliner à regret devant la volonté populaire.

Transposez maintenant ce discours. Établissez la liste de toutes les bonnes raisons que vous auriez de vous brouiller avec — ou de taper sur — votre sœur, frère, mari, femme, mère ou père. Énumérez-la mentalement, en lui donnant la même forme que celle du roi de Tarla-Tarla : « *Ce n'est pas parce que...* (reproche)... *que je vais me brouiller avec...* » Le procédé est très efficace pour s'échauffer la cervelle et déclencher les hostilités avec innocence.

Dans notre effort de communication, contentons-nous d'éviter les chausses-trapes décrites dans ce chapitre. Nous aurons assez de travail ! Pour le reste, qu'il nous suffise de tâcher humblement d'être vrais, directs et simples dans nos échanges. Alors l'estime de soi de chacun des membres de la famille restera élevée, nos règles seront saines, et malgré des pièges pas toujours évitables, il fera bon vivre chez nous.

8

Les règles familiales

Pour vivre, toute communauté a besoin d'une régulation. Dans la nation, les lois s'imposent à tous les citoyens pour son harmonie. Elle prospère avec de bonnes lois et dépérit avec de mauvaises. Dans la famille, quand les règles sont saines, elles sont un formidable facteur d'épanouissement de chacun. Quand elles sont malsaines, ses membres s'étiolent et perdent confiance dans leurs capacités de personnes humaines.

Les règles saines remplissent plusieurs conditions. Elles sont claires, connues et admises par tous, pas trop nombreuses, et modifiables en cas de nécessité.

Quand on évoque la vie familiale, celles qui viennent spontanément à l'esprit concernent le budget, les tâches ménagères, et la sanction des infractions. Qui doit tenir les comptes du ménage ? Qui doit faire la cuisine, qui le ménage, qui mettre la table et sortir la poubelle ? Quelles sont les punitions en cas de désobéissance ? Il y en a bien d'autres. Arrêtons-nous déjà à celles-là.

Une habitude n'est pas une règle

Il peut sembler évident à tous que c'est à maman de faire la cuisine. Tout le monde le pense : « C'est normal, c'est maman. » L'idée que papa ou un enfant se mette aux fourneaux paraît incongrue. Mais cela peut être évident à tous sauf à... maman. Elle n'a jamais pensé qu'elle était, obligatoirement et en toutes circonstances, attachée à cette fonction. Simplement, les années ont passé, solidifiant une habitude qui ne la rendait pas heureuse, mais confortable pour les autres. Il faut lui donner la possibilité d'exprimer son sentiment. La famille, ébahie, apprendra qu'elle avait accepté de faire la cuisine tous les jours parce que les enfants étaient petits et que papa n'avait pas de stabilité professionnelle. Maintenant, les temps ont changé, et elle aimerait varier ses occupations. On peut alors en discuter et établir une nouvelle règle, plus adaptée, qui satisfasse tous.

Première leçon : une simple habitude ne constitue pas une bonne règle familiale.

Deuxième leçon : une habitude n'est pas définitivement consacrée par le droit d'usage.

Troisième leçon : ce sont les habitudes acceptées comme règles tacites par une partie de la famille qui rendent l'autre partie malheureuse, et par voie de conséquence toute la famille.

Quatrième leçon : quand la famille est en difficulté, commençons par rechercher si une habitude de ce genre n'est pas à l'origine du malaise, et discutons-en ouvertement.

Les bonnes règles sont bien comprises par tous

La règle semble avoir été clairement établie, mais n'est pas comprise de la même manière par tous. Ainsi, il est convenu que papa fait les comptes du ménage. Mais papa est souvent en déplacement, et trouve en rentrant des piles de relevés de banque non rangés. Il est furieux de devoir rattraper ce travail en retard. Pour lui, faire les comptes consiste à examiner périodiquement l'équilibre du budget. Il pense donc que sa femme devrait, quand il n'est pas là, ranger les relevés, et en transcrire les montants sur le carnet de comptes. Pour elle, s'occuper du budget, c'est s'occuper de tout ce qui vient de la banque, y compris les relevés.

Morale de l'histoire : en établissant nos règles,

ne laissons aucune part d'ombre, ne laissons aucune place au jeu des devinettes.

Les bonnes règles évoluent

Plus compliqué, et de quoi s'arracher les cheveux. Soit une famille de quatre enfants. La règle établie d'un commun accord et admise par tous est : chacun met la table midi et soir pendant une semaine, puis c'est le tour du suivant. Elle fonctionne bien jusqu'au jour où il est décidé que deux des enfants iront à la cantine scolaire deux jours par semaine. Les bagarres commencent. Qui doit mettre le couvert ces deux midis quand c'est la semaine d'un des absents ? Au début, les parents demandent aux deux qui restent à la maison de la mettre alternativement ces deux midis. Les bagarres empirent. Ils trouvent injuste la nouvelle règle, puisque les veinards qui vont à la cantine ont chacun deux tables de moins à mettre à la maison.

Une assemblée générale de l'association familiale est convoquée. Y sont présents papa, maman, les heureux dispensés et ceux qui s'estiment lésés. Les parents expliquent que les dispensés n'ont pas choisi de l'être, puisque leurs études les obligent à rester à l'école à midi.

Il faudra en tenir compte dans l'établissement du nouvel équilibre. Cependant, une certaine compensation des autres paraît nécessaire. Discussion et vote. À l'unanimité, il est décidé que les dispensés rendront un couvert chacun (et non deux) aux deux autres, le lundi soir quand ce sera la semaine de ceux-ci. Le calme revient. Au bout d'un certain temps, les non-dispensés oublient de revendiquer leur privilège du lundi soir.

Première leçon : l'important était que les choses fussent dites et que justice fût faite. Ce que les adultes appellent « chipotage » chez les enfants n'est qu'un souci de justice comprise de leur point de vue.

Deuxième leçon : quand une règle devient caduque, les parents doivent s'en apercevoir rapidement, réunir la famille pour la modifier d'une manière acceptable par tous. Tenter de pérenniser l'ancienne en y ajoutant autoritairement une retouche maladroite conduit à des situations parfois inextricables.

À qui s'appliquent les règles ?

Il a été clairement établi dans une famille qu'on ne devait jamais dire de gros mots. Les enfants ont admis cette règle instituée à leur entrée à l'école primaire. Ils acceptent d'être punis si un gros mot leur échappe. La règle s'applique-t-elle aux parents ? S'ils ont très sagement expliqué que les gros mots évoquaient des saletés, se réservent-ils un droit de cochonnerie ? Quand ils disent un gros mot, leurs enfants ont-ils le droit de le leur faire remarquer ? S'ils le font, répondent-ils stupidement que les adultes ont le droit d'en dire, mais pas les enfants ? Une justification aussi arbitraire d'un droit aussi hypothétique ne leurre personne, surtout pas un enfant. Que devient la règle quand il a quinze, dix-huit, vingt ans ?

Morale de l'histoire : qu'une règle ne s'applique pas à tous arrive, mais mieux vaut expliquer pourquoi, ou alors l'appliquer à tous.

Le toilettage des règles

Ce dernier exemple soulève le point important de savoir si les membres ont la possibilité de commenter les règles instituées. Peuvent-ils critiquer la manière dont elles ont été mises en place, les obligations qu'elles imposent, et émettre des suggestions de modification quand elles deviennent caduques ?

Il existe des familles dans lesquelles, à la moindre réflexion, on répond invariablement : « C'est comme ça, c'est pas autrement ! » Si la vôtre est dans ce cas, vous ne devez pas vous y sentir très bien. Alors, l'exercice suivant est pour vous.

Réunissez votre assemblée générale. Prenez une feuille de papier, et faites ensemble l'inventaire de vos règles. C'est toute la liste des « Il faut faire ceci, on ne doit jamais faire cela, il faudrait toujours se conduire ainsi », etc.

Votre famille vit d'ailleurs peut-être au rythme de ce refrain qui casse les oreilles de tout le monde. À cause de ces avertissements sans cesse réitérés, personne n'ose plus prendre une seule initiative. Peut-être aussi, ce leitmotiv est si familier que vous n'en avez plus conscience. Raison de plus pour faire tous ensemble votre liste. Vous serez surpris de la récolte. Vous avez multiplié les règlements. Et comme toujours, quand on multiplie les règlements, ils finissent par s'occuper de questions qui ne les regardent pas et deviennent inefficaces sur ce qu'ils devraient contrôler. Vous avez enfermé la famille dans un carcan administratif. Étudiez la liste et, d'urgence, jetez à la poubelle les règlements inutiles et caducs. Toute la famille va enfin respirer, et les niveaux des réservoirs de chacun remonter.

Intéressons-nous maintenant à deux catégories de règles à bannir si nous voulons être heureux en famille. La première est celle des « conditionnels », la seconde des tabous.

Vivre au conditionnel

Dans les familles qui vivent « au conditionnel », on n'entend jamais parler de ce qui est, mais toujours de ce qui *devrait* être. François, seize ans, *devrait* sortir avec les filles de son âge. Adeline, cinq ans, *devrait* jouer à la poupée (et pas aux petites voitures), et Benoît, quatre ans, *ne devrait pas* jouer à la poupée. Papa *devrait* mettre une cravate pour aller travailler. Une femme *ne devrait jamais* porter de pantalon parce que ce n'est pas féminin.

Dans ces familles, ce qui intéresse n'est pas ce que François lit dans sa chambre quand il ne sort pas ; ni quelle petite voiture préfère Adeline ; ni comment Benoît appelle sa poupée (« maman », ou « Adeline », peut-être ?) ; ni que papa aime avoir le col ouvert et travaille mieux ainsi ; ni enfin que la femme aurait aimé sortir de ses habitudes. Ce qui intéresse, ce sont pas les personnes réelles, mais que tous se conforment au modèle imaginaire de la bonne conduite.

Dans chaque milieu social, des conformismes qui lui sont propres ont cours. Dans certains milieux traditionnels, les femmes s'habillent en bleu marine et mocassins à partir du jour où elles quittent les couches-culottes jusqu'à leur mort. Quand, chez elles, elles enfilent un blue-jeans, elles ont le sentiment de commettre un acte de grand banditisme. Le délit intime n'est pas désagréable, mais, « Vous savez – disent-elles –, *on ne devrait jamais* se montrer ainsi. » Et pourquoi pas ? Qui a édicté cette sotte règle ? Bien souvent, les mêmes femmes ne se maquillent jamais, ou seulement et à peine quand elles sont invitées à l'extérieur. Ne serait-il pas plus agréable pour elles, leur mari et leurs enfants, qu'elles prennent plus soin d'elles ? Prétendent-elles avoir le teint frais en toute occasion ? Je suis sûr que si elles faisaient plus attention à elles, quelques-unes ne perdraient pas leur mari, ni leurs enfants leur père, comme je l'ai vu. Toutes se sentiraient plus à l'aise dans leur féminité et deviendraient plus créatives. Le niveau de leur réservoir remonterait et l'ambiance familiale en serait transformée. La vertu, c'est bien, mais cela peut fatiguer et rendre morose. La vertu qui se sent agréable à regarder et qui l'est, c'est nettement mieux !

Les secrets de famille

Sont *tabous* les sujets qu'il n'est jamais permis d'aborder. Personne ne doit jamais parler du tabou, mais tous doivent faire comme s'il n'existait pas ou n'avait jamais eu lieu. Je n'évoquerai ici que les secrets de famille et les interdits sur les sentiments et l'affection.

Plus un tabou est fort, plus il a une vie souterraine intense et destructive dans la vie de famille. On en reconnaît la présence quand, par exemple, à la même question répétée de l'enfant, ses parents ne peuvent que lui renvoyer un brutal : « Tu ne peux pas comprendre, tu n'as pas l'âge ! » Il imagine alors un grand mystère menaçant et dangereux, et il brode dessus. Le tabou excite sa curiosité. Il va se renseigner où il peut, et chercher les réponses aux questions prohibées dans les livres, chez les copains, ou dans des relations de la famille. Celles qu'il obtient ne sont pas celles, plus exactes, que les parents lui auraient données, s'ils en avaient eu le courage. Une vérité précise et franche aurait soulagé sa curiosité. Le mystère aurait perdu son côté dynamite. Au contraire, être allé chercher la réponse au-dehors en augmente le caractère explosif : l'enfant a transgressé la volonté des parents pour trouver la solution, et il est toujours interdit d'en parler en famille. Un redoutable secret s'est installé entre lui et eux. Ils ont perdu un peu de sa confiance.

Certains tabous se transmettent de génération en génération tant que la chaîne n'est pas cassée par des parents décidés qui parlent à leurs enfants de ce dont il leur était interdit de parler à leur âge. Interrompre cette transmission libère les parents, les rend plus adultes, et fortifie la confiance de leurs enfants. Ils ont su aborder des questions difficiles.

Il n'est pas non plus bon de tout dire à ses enfants comme s'ils étaient des adultes. Notre société, à force d'avoir brisé des tabous, a brisé bien des enfants. Autre chose est de proportionner les réponses à leur vision du monde, à l'étape de leur développement affectif et intellectuel. Rappelons-nous enfin que, souvent, une question enfantine n'est délicate que pour une cervelle compliquée de grande personne.

Exemples d'horreurs tenues soigneusement cachées : l'arrière-grand-père, collaborateur, a été massacré à la Libération ; mamie, infidèle à papy, préfère les femmes aux hommes ; l'oncle Henri a fait cinq ans de prison pour le cambriolage d'une bijouterie ; mamie a avorté trois fois, et maman deux. Vous pouvez allonger vous-même la liste. Nous avons tous « des cadavres dans le placard », parce que nous sommes des hommes et que nous ne faisons pas toujours le bien.

Plus jeune, j'étais en admiration devant certaines familles qui me paraissaient être le paradis sur terre. Tout y semblait fluide, harmonieux, sans accroc, élégant. À l'époque, j'aurais aimé que la famille que j'étais en train de fonder leur ressemble. Et puis, par-ci par-là, un peu plus tard, j'ai eu l'occasion de soigner l'un ou l'autre de leurs membres. Le secret de mon cabinet permettait à de terribles secrets de se dévoiler.

La maman idéale est déprimée. Elle est effondrée parce que sa fille fait une anorexie mentale, et qu'elle-même en a faite une à l'adolescence. Personne, pas même le mari, ne connaît les antécédents de la mère. Le secret, bien gardé par la belle-famille, continue à l'être. Bien qu'elle voie le problème se reposer sous ses yeux trente ans après, la grand-mère ne pipe mot. Je suis persuadé que si le secret est levé dans la famille, cela provoquera des échanges si clairs et directs que la fille de la patiente n'éprouvera plus le besoin de cacher ses aliments, et que la patiente ne sera plus déprimée. Je ne parviens pas à l'en convaincre.

Dans une autre famille idéale, tout craqua d'un coup. Le père et les ménages de ses fils et filles s'entendaient bien. Ils allaient tous à la messe le dimanche et « pensaient bien ». Le grand-père composait un très joli tableau avec ses petits-enfants. Je croyais que la mère était morte. La force de caractère, la pudeur et l'amour réciproque de ces gens devaient être immenses pour avoir su traverser ainsi l'épreuve de ce décès ! Un jour, on me téléphone en urgence : le deuxième fils vient de faire une tentative de suicide. On me demande conseil sur la conduite à tenir à son égard, sans toutefois me permettre de le rencontrer. J'apprends que le fils a commis son geste après que toute la famille coalisée lui eut interdit d'aller à l'enterrement de leur mère. La mère, jusque-là, n'était donc pas morte ! Elle avait, en fait, quitté le domicile conjugal dix ans auparavant pour aller vivre avec un Noir ! Les enfants avaient alors pris le parti du père, et irrévocablement condamné leur mère, et la fille aînée pris sa place au foyer jusqu'à son mariage. Les petits-enfants ne savaient rien de l'existence de leur grand-mère, et toute allusion de leur part la concernant était évacuée comme question sans signification. Le colmatage fonctionna bien jusqu'au décès réel de la mère, où ce fut le membre de la famille à qui il restait un sentiment humain non réprimé de piété filiale qui craqua.

Nous voulons transmettre l'image d'une famille parfaite, mais nous ne sommes pas parfaits. Nous cachons nos hontes et faisons « comme si ». En fixant l'infaillibilité comme norme à nos enfants, nous leur assignons un objectif irréaliste, mensonger, impossible, et inhumain. Ils ne l'atteindront pas, douteront d'eux et s'aigriront. Le niveau de leur réservoir baissera. Et gare à nous quand ils découvriront le pot aux roses ! Ils peuvent très bien nous claquer la porte au nez, ou devenir fous.

Ne vaudrait-il pas mieux que nos fautes, nos erreurs, et celles de nos pères fassent normalement partie de ce qui est connu dans la famille ? Admettons que nous ne sommes pas plus parfaits que ne l'étaient nos ascendants et que ne le seront nos descendants. Admettons-le non dans l'abstrait, mais dans le concret, et aimons-nous, aimons nos proches avec nos misères et les leurs, parce que ces limitations appartiennent à la condition humaine. Si nous étions des surhommes autosuffisants, quelle place aurait encore l'amour ?

Et brisons les secrets ! Pour cela, nul besoin de mélodrame spectaculaire. C'est plutôt un dévoilement humble et progressif adapté à l'âge de l'interlocuteur. Les enfants, constatant que les adultes ne mentent pas sur leurs faiblesses, accepteront les leurs, et s'accepteront eux-mêmes tels qu'ils sont. Ils deviendront capables de s'aimer et d'aimer les autres.

Les tabous sur les sentiments et l'affection

Les tabous peuvent concerner le droit de ressentir un sentiment, souvent la colère. Quand quelqu'un se met en colère dans ces familles, il est aussitôt regardé de travers et mis à l'écart. Le tabou est : « On n'a pas le droit de se sentir en colère. » J'ai vu d'extraordinaires haines silencieuses et meurtrières dans des familles où il était interdit de se sentir en colère.

Pourtant, elle est aussi physiologique que la faim ou la soif. Comme tous les sentiments, on n'a pas à avoir le droit ou non de la ressentir. Elle est là, c'est tout. Elle nous rend service, car elle mobilise les énergies dont nous avons besoin pour franchir des obstacles plus difficiles que d'autres. Si elle est mise en jeu dans les conflits, elle n'en est pas la cause. Ceux-ci naissent des désaccords et suscitent la colère nécessaire pour les surmonter.

Certes, son maniement est délicat, et nous le verrons en détails plus loin. C'est en apprenant à gérer les conflits qui surgissent dans la famille que nous apprenons à gérer ceux que nous rencontrons dans la société. Si nous n'acceptons pas de ressentir de la colère, nous sommes des handicapés sociaux, et, en ayant des enfants, nous en fabriquons d'autres.

Dans d'autres familles, l'affection est supposée existante de soi, et ses manifestations taboues. Interdites les embrassades, les étreintes, les longues poignées de main, et les caresses. Interdits les câlins et les tapes sur l'épaule. Les enfants grandissant, on juge équivoques ces démonstrations entre père et fille, mère et fils. On se regarde de loin. Le matin, en se levant, on se dit parfois bonjour, mais sans s'approcher les uns des autres.

Je prétends que ce genre de famille risque d'éclater à la moindre crise. Divorcé, on se regardera simplement d'un peu plus loin. Devenu adulte, on regardera distraitement ses vieux parents qui auraient peut-être besoin de soutien. Les frères et sœurs ne seront plus que de vieilles connaissances d'autrefois auxquelles la vie nous a rendus étrangers.

Se toucher est la première et la plus élémentaire façon d'entrer en contact avec quelqu'un. Comment prétendriez-vous bâtir une communauté de personnes si elles ne sont jamais en contact ? Les couples heureux savent que lorsque l'un des deux est absent, ce qui fait souffrir le plus l'autre, c'est son absence physique, l'impossibilité de le toucher. Quand leur enfant est hospitalisé ou en vacances loin de la maison, combien de parents ne vont-ils pas rôder le soir dans sa chambre pour le sentir, pour avoir une ombre de son contact ?

Si nous aimons nos proches, nous savons qu'ils n'ont pas une manière de répondre à nos baisers mais mille, en fonction de leurs états d'âme. Nous apprenons ainsi à reconnaître ces états d'âme : c'est plus fort, plus rapide, plus efficace et plus vital que les mots.

Quand nous nous laissons embrasser, nous permettons à l'autre de déposer son empreinte sur nous. Le corps ne l'oublie pas. On réveille beaucoup plus aisément une sensation qu'une idée. Les êtres aimés ne sont pas d'abord des idées pour la cervelle, mais des sensations pour le corps.

Pour souder la famille, encourageons les manifestations d'affection. Obligeons-nous à de vrais câlins. Embrassons-nous tous matin et soir. Il semble superflu de le rappeler, mais l'expérience montre le contraire. Obligeons en particulier les enfants à s'embrasser entre eux matin et soir. Nous préparons leur avenir. Bientôt la vie les fera partir du nid et ils se disperseront. On n'oublie jamais l'odeur de son frère, jamais le contact de sa peau avec la sienne.

9

Du dedans vers le dehors

La famille est un organisme vivant. Comme tout organisme vivant, animal ou végétal, elle entretient un jeu extraordinairement complexe entre les membres qui la composent. Cette activité intérieure lui permet de s'ouvrir sur l'extérieur, et, ce faisant, d'évoluer en restant la même.

Si l'estime de soi de chacun est forte, chaque membre est sain ; si la communication sur les sentiments est claire, et les règles fermes et souples, les échanges entre les membres sont riches, nutritifs et fortifient chacun ; l'organisme ouvre grand la bouche et grand l'estomac pour absorber les aliments que lui offre l'extérieur, et respire à pleins poumons.

Si les membres s'aiment peu, communiquent mal et ont des règles inadaptées, les transformations qu'apportent la nourriture et l'oxygène de l'extérieur sont vécues comme des menaces pour son équilibre. Pour s'en protéger, la famille se replie dans une casemate ou même un abri antiatomique. Elle se met en état de survie, et mange des conserves en atmosphère confinée. Elle vivote jusqu'au jour où la situation n'est plus tenable. L'écart entre les attentes des uns et les besoins des autres est trop fort, et la famille explose. La petite fille chérie que papa et maman ne laissaient pas sortir le soir jusqu'à dix-huit ans par crainte de mauvaises rencontres adhère sans les prévenir à l'Association internationale des jeunes toxicomanes séropositifs. Papa, cinquante-cinq ans, incapable d'aider sa fille, trouve consolation dans les bras d'une autre femme que la sienne, trop déprimée par la catastrophe pour le réconforter. Maman, laissée seule et sans pension alimentaire après trente ans de mariage, commence alors une carrière de femme de ménage.

Revenons à ce qui se passe à l'intérieur du corps d'une famille saine. Nous avons vu les bases de son fonctionnement. Celui-ci se développe dans quelques échanges typiques qui caractérisent sa vitalité.

Repas et anniversaires : les rites de la famille

La famille a ses rites. D'abord, elle se réunit régulièrement pour les repas. Ce sont les grands moments, surtout les dîners, parce que chacun a fini sa journée de travail. Dans cette petite heure journalière, elle dispose de l'occasion d'avoir en concentré tout ce qui est nécessaire à son épanouissement. À table, on s'intéresse à ce que font les autres, donc on renforce leur amour d'eux ; on communique et on apprend à communiquer ; on discute et réforme les règles contestables ; on y parle école, travail, grands-parents, politique, sport, cinéma, entre soi et avec les invités souvent présents des parents ou des enfants : la famille s'ouvre sur l'extérieur. À l'ambiance de ses repas, on juge de sa qualité.

On peut assainir une famille en difficulté rien qu'en s'occupant de ses dîners. J'en ai eu plusieurs fois la démonstration. En voici un exemple : père déprimé, mère frigide, enfants en échec scolaire. Le tableau est trop complexe pour que je m'attaque à tous les problèmes en même temps. Je choisis de n'agir que sur ce qui semble n'être qu'une conséquence dérisoire des troubles.

Le père s'embête chez lui. Le soir, il sirote un puis deux whiskys devant la télévision pendant que femme et enfants sont à table. Il ne mange que quand ils sont couchés. N'ayant aucun échange avec les siens, il s'ennuie encore plus à la maison. Invoquant un prétexte truqué, je m'arrange pour qu'il boive son whisky une demi-heure plus tôt, puis ferme le poste de télévision et passe à table avec tout le monde. En quelques séances, cette petite boule de neige a déclenché une avalanche de changements. Il ne s'embête plus chez lui, ni sa femme au lit ni ses enfants en classe.

J'ai insisté sur la tendresse. Ne sautons jamais ces autres rites que sont les fêtes et les anniversaires. Devenus adultes, vous avez probablement oublié les cadeaux, mais pas l'émotion de ces soirées où s'est forgée votre identité et l'unité familiale. Là aussi, ce rappel paraît inutile, mais l'expérience montre l'inverse.

En thérapie, je demande toujours si et comment les anniversaires sont souhaités (particulièrement aussi l'anniversaire de mariage). S'ils ne le sont pas, je m'efforce qu'ils le soient. S'ils sont ternes, il n'est pas difficile d'en faire des événements inoubliables, avec un peu d'imagination et d'humour. Il suffit d'en transformer un en fête mémorable pour que les autres suivent. On y prend goût.

Dans une famille épanouie, l'avis général est qu'il n'y a pas assez d'anniversaires. J'en connais une qui fête même des « non-anniversaires » : ils ont lu *Alice au pays des merveilles*. De Lewis Carrol, ils ont retenu que si nous n'avions qu'un seul anniversaire en douze mois, nous avons en revanche la chance d'avoir trois cent soixante-quatre non-anniversaires par an. Essayez. Vous les célébrez exactement comme des anniversaires, mais c'est mieux. Dans un grand secret dont n'est exclue que la victime, vous vous mettez d'accord avec les vôtres sur la date et les cadeaux. La victime ne peut rien deviner, et surtout pas quel jour tombera son non-anniversaire, puisqu'il y a trop de possibilités dans l'année. La surprise sera totale. N'oubliez pas de réclamer une plaque spéciale mentionnant « Joyeux non-anniversaire ! » pour le gâteau à la pâtissière ; elle vous fera une tête dont vous vous souviendrez !

Les rôles familiaux et les personnes qui les tiennent

Une famille heureuse ne confond pas les rôles que chacun y tient et les personnes qui les tiennent. Du moins, elle apprend peu à peu à ne pas les confondre. Ces rôles sont ceux de mari, de père, d'épouse, de mère, de fils ou fille, et de frère ou sœur. Selon les relations dans lesquelles nous sommes engagés dans la famille, nous portons telle ou telle casquette et nous passons nos journées à en changer ou à les entasser les unes par-dessus les autres.

Paul et Virginie ont quatre enfants, Nathalie, François, Jean et Michel. En rentrant le soir, pour saluer Viginie dans la cuisine, Paul enfile sa casquette de mari. Puis il l'enlève, empile ses quatre casquettes de père sur la tête, et va dans le salon : en même temps, Nathalie lui demande son opinion sur une réflexion de son professeur de français, et François la permission d'aller jouer avec des copains samedi ; Jean et Michel se battent et il faut les départager. À table, selon la nature des questions posées par Virginie, il doit changer de casquette, et choisir entre celle de mari, et l'une ou plusieurs des quatre de père. À cet exercice, Virginie est bien mieux rodée que lui. Les enfants ont aussi un sérieux entraînement : quand Nathalie met sa casquette de fille, c'est pour se conduire d'une toute autre façon que si elle avait mis l'une ou l'autre de ses casquettes de sœur.

Cependant, Nathalie n'est pas d'abord la fille de ses parents, ni la sœur de ses frères. Elle est une personne humaine avec des besoins, des attentes et des espérances qui lui sont propres. Les relations filiales et fraternelles dans lesquelles elle s'engage dans la journée lui sont un moyen de s'épanouir et d'épanouir les autres, mais elle ne s'y réduit pas. Toute la famille disparaîtrait qu'elle resterait elle, Nathalie. De même de tous les membres de la famille. Virginie n'est pas d'abord épouse de son mari et mère de ses enfants, mais Virginie. Paul n'est pas d'abord mari et père, mais Paul. Dans une famille épanouissante, on ne définit pas les autres par ce qu'ils font et sont pour soi, mais on tâche de découvrir les personnes.

Cette attitude évite beaucoup de conflits. Reprenez le cas de cette femme partie vivre avec un Noir. Au nom de quoi les enfants, déjà presque des adultes, devaient-ils la condamner sans appel ? Pour qu'elle ait claqué la porte de son foyer de pareille manière, il y a fort à parier qu'elle étouffait chez elle depuis de nombreuses années. Elle était utile aux autres et c'est tout ce qui leur importait. Elle avait soif de voir reconnu qu'elle était une personne humaine libre.

Je me souviens aussi d'un homme qui, à la trentaine, perdit sa femme décédée suite à un cancer foudroyant. Il éleva courageusement ses trois filles qui se marièrent. Tout le monde révérait ce père admirable, le moindre de ses souhaits était exaucé et ce qu'il disait, parole d'Évangile. À la soixantaine, il rencontra une veuve de son âge, et ils décidèrent d'unir leurs vies. Pour les filles, ce fut un réveil brutal que les gendres eurent du mal à calmer ! Après avoir refusé de rencontrer la promise, elles y consentirent finalement, mais lui menèrent une vie effroyable, comme si elles étaient autant de belles-mères mécontentes. Comment papa, ce héros d'une grave tragédie, pouvait-il avoir des besoins aussi banalement humains ?

Les enfants, adultes ou non, se font beaucoup d'idées sur la façon dont devraient se comporter leurs parents pour être de bons parents pour eux. Une simple remise en perspective les aiderait. En naissant, ils sont arrivés chez un homme et une femme qui avaient déjà vingt à trente ans de vie derrière eux ; ils ne passent ensuite que vingt ans chez eux, leur laissant de nouveau vingt à trente ans à vivre sans eux. Qu'ils les laissent donc se conduire à leur guise !

Les paires et les triangles

Les rôles s'exercent par paires : père-enfant, épouse-époux, frère-sœur. Amusez-vous à calculer le nombre de paires qui existent, non dans la famille de Paul et Virginie, mais dans une plus petite, composée du couple de A et B et de trois enfants nommés X, Y, et Z. Si l'exercice vous convient, dessinez cinq petits bonshommes (A, B, X, Y, Z) sur un papier et tracez entre eux toutes les paires possibles, AB, AX, AY, AZ, etc. Combien trouvez-vous de relations à deux ? Je suis sûr que vous en oublierez.

Le bon chiffre est dix ! Dans une famille de trois enfants, il y a dix paires, dix occasions permanentes de dialogue et de découvertes. Chacune des dix est différente, et fournit la possibilité d'apprendre quelque chose d'entièrement distinct des neuf autres !

Mieux encore, les paires ne sont jamais stables. Sans cesse, elles se déforment en triangles : dans une douillette intimité, vous discutez avec votre femme, et voilà votre fille qui entre, s'assied, et vous interrompt, s'adressant tantôt à maman, tantôt à vous. Comment faites-vous ? Votre fille est-elle une intruse, se sent-elle une intruse ? Ou lui abandonnez-vous la direction des opérations, par lassitude ou parce qu'elle est mignonne ?

Dans un triangle, il y a toujours plus ou moins quelqu'un qui « reste sur le carreau ». Cela peut être votre fille : elle doit se taire quand les adultes parlent sérieusement. Cela peut être votre femme quand votre fille réussit à faire jouer son charme sur vous. Cela peut être vous parce qu'une discussion « chiffons » a démarré entre les deux femmes, la grande et la petite.

Et souvenez-vous, ne regrettez rien de cette immixtion de votre fille. Sa première immixtion a commencé quand votre épouse en était enceinte. Déjà, vous sembliez exclu de ce bonheur à deux, mère-bébé, pendant la grossesse, et c'était vous qui aviez transformé leur paire en triangle. L'histoire vous a montré que les paires se font et se défont sans arrêt, qu'elles deviennent triangles, et d'autres triangles encore, et vous aimez ce complexe va-et-vient. Vous appréciez de passer un moment au second plan pour observer et contempler ce qui se passe entre les deux autres.

Sous votre toit, la majorité des triangles vous échappent même complètement. Vous êtes absent de tous ceux qui se constituent entre vos enfants (si vous en avez au moins trois), et entre votre épouse et vos enfants. Comme il est agréable de n'être pas obligé de tout contrôler ! Comme il est doux de « vivre et laisser vivre » !

Être à l'aise dans les triangles est une source majeure du bonheur en famille parce que nous y apprenons bien mieux à nous ouvrir sur les autres que dans les paires. Celles-ci risquent toujours de se refermer narcissiquement sur elles-mêmes. Heureusement, pour notre entraînement au bonheur, les triangles sont beaucoup plus nombreux que les paires. Refaisons le même petit schéma avec nos cinq bonshommes, et cette fois calculons le nombre de triangles qui existent dans cette famille. N'utilisez pas votre dessin précédent, mais tracez-en un nouveau. Autrement, vous obtiendriez un labyrinthe indéchiffrable ! Commencez avec les trios ABX, ABY, ABZ, AXY, AXZ, et continuez sur votre lancée. Au bout d'une demi-heure de travail, vous arriverez au seul chiffre correct : quarante-cinq ! Imaginez votre peine si je vous avais demandé le même calcul sur la famille de Paul et Virginie qui n'a pourtant qu'un enfant de plus !

Avec ses rites, ses rôles, ses paires et ses triangles, la famille apparaît de plus en plus comme une société en miniature, reproduction de la grande, avec laquelle elle est en échanges constants. Dans la vie sociale, nous devons nous débrouiller dans des relations humaines complexes, et nous avons commencé notre entraînement en famille.

L'apprentissage des responsabilités collectives

C'est à la maison qu'on comprend que chacun est responsable de l'ambiance commune, donc du bonheur de tous. Chaque journée d'une famille normale apporte son lot de contretemps et d'imprévus, qui donne l'occasion d'apprendre à être toujours plus souple. Éviter les râleries destructrices nécessite une décision délibérée et soigneusement entretenue de la part des parents. C'est aussi une tâche éducative, car les enfants, plus encore que les adultes, ne sont pas naturellement patients devant ce qui les contrarie !

J'ai répété qu'en famille tout le monde devait mettre la main à la pâte. Nous en avons ici la raison la plus fondamentale. Cette participation de tous est la base de toute vie en collectivité. Si nous ne l'apprenons pas en famille, où l'apprendrons-nous ?

Les enfants, et pas seulement les parents, doivent participer au travail de la maison, d'une manière proportionnée à leur âge. Par exemple, mettre la table et la débarrasser, vider et remplir le lave-vaisselle, ranger leurs chambres, nettoyer la salle de bains après leur passage, sortir la poubelle, et tondre la pelouse sont tout à fait à leur portée ! Pourquoi papa et maman le feraient-ils systématiquement à leur place ? Ainsi les enfants tiennent la leur dans la communauté. Ils ne sont pas des consommateurs, mais des membres actifs de l'association.

Pour que ces petites tâches ne soient pas ressenties comme des corvées, il ne faut pas les leur présenter comme telles. Il faut leur montrer qu'elles sont importantes pour tous et leur en confier la responsabilité. Avec les enfants, le mot « responsabilité » est magique (je souhaiterais qu'il en soit de même des adultes !). Ils voient qu'on les prend au sérieux et qu'on leur fait confiance. Comme, d'autre part, ils se lassent assez vite, il convient de varier les tâches, en instituant des tours de tables, de lave-vaisselle, de rangement ou de courses. L'attribution des tours donne lieu à des discussions, souvent à table, où chacun se sent concerné par ce qui se passe à la maison, et toujours hautes en couleurs, où les personnalités se révèlent. Les parents n'ont pas besoin de se montrer autoritaires pour faire passer l'amère pilule des corvées ; ils se conduisent en animateurs dynamiques de la communauté. Cependant, leur autorité s'exerce dans la mesure où ils indiquent fermement la route à suivre : l'obligatoire participation de chacun. La discussion est ouverte sur les modalités, parce qu'elles évoluent selon les âges, les caractères, les disponibilités des membres et les besoins du foyer. Passé un certain temps, de nouvelles réunions familiales modifieront donc la distribution des responsabilités et des tours.

Évidemment, quand la famille se réunit, elle discute aussi de toutes sortes d'autres sujets qui intéressent toute la communauté : projets de déménagement, de réaménagement, de vacances, etc. À chaque fois, les enfants ont leur mot à dire, et leurs avis peuvent être diversement entendus, critiqués, retenus, rejetés. L'essentiel est que chacun sente qu'il a participé à la marche de l'ensemble.

Le traitement des conflits

En famille, on traite plusieurs fois par jour des conflits : entre enfants et parents, et entre parents.

Que ceux pour qui ressentir de la colère est tabou ne lisent surtout pas ce qui va suivre.

Remontons d'abord le niveau de notre réservoir, clarifions notre communication, et beaucoup de conflits disparaîtront. Quand nous ressentons de la colère pour un membre, reconnaissons-la comme le signe qu'un plus grand effort de communication est nécessaire.

Quand elle nous déborde, il est facile de fuir la situation qui l'a fait naître. Dans une dispute, un mari peut dire à sa femme, une fille à sa mère : « Je suis en colère, et pas en état de discuter. Je vais faire un tour dehors pour me refroidir la tête. Reprenons cela quand je serai plus calme. »

Pour que la mesure soit efficace, il faut que les protagonistes aient vraiment accepté :
– qu'il puisse arriver qu'ils soient en colère l'un contre l'autre,
– que la colère est une émotion humaine normale,
– qu'une émotion est autre chose que ce que l'on décide d'en faire.

Les scènes de ménage sont absolument indispensable à l'équilibre de la famille. Il est impossible que les conjoints soient toujours d'accord sur tout, qu'ils s'expriment toujours avec une parfaite clarté sur leurs différends, et qu'ils parviennent toujours à un parfait accord. Alors vive une scène de ménage bien faite !

Pour qu'elle soit réussie, quatre conditions sont nécessaires :
1. Refusons qu'elle démarre à notre insu. Quand l'atmosphère devient lourde et électrique, l'orage n'est pas loin d'éclater ; c'est le moment de la programmer. Programmons-en l'heure, la durée et le lieu (à huis clos, hors la présence des enfants).
2. Sachons qu'elle dépassera son objectif, le traitement du différend ponctuel qui n'est que le détonateur ; si le conflit le plus évident tourne autour des vacances, la scène, dans une succession d'heureux dérapages, passera aussi en revue la varicelle de la petite dernière, le mauvais caractère de la bellemère, les pantalons mal repassés, et le manque de compliments reçus par maman pour sa cuisine.
3. En la démarrant, ayons la ferme volonté d'aboutir à un accord, mais surtout que cet accord ne soit ni bâclé ni précipité. Vidons tout le pus de l'abcès, sans en laisser. Mettons-y courage et application.
4. Acceptons aussi que tous les conflits ne sont pas seulement à base d'incompréhensions, mais qu'il

nous arrive d'offenser et d'être offensé. Il n'y a qu'en famille que l'on peut apprendre sans risque à pardonner et être pardonné.

La scène de ménage est le prototype de toutes les autres disputes familiales. Des conjoints qui réussissent leurs scènes sont des parents qui savent aider leurs enfants à résoudre leurs conflits entre frères et sœurs. Nous avons vu plus haut comment ils s'y prennent pour faire des oppositions de ceux-ci des opportunités éducatives.

Citoyens, grâce à la famille

Une famille heureuse « fabrique » des personnes à l'aise dans des relations complexes et capables de traiter les conflits. Elle forme des citoyens conscients de leurs responsabilités collectives.

Grâce à elle aussi, en devenant parents, des adultes repliés jusque-là sur eux-mêmes s'ouvriront sur la société. Ils auront à discuter avec les professeurs, à participer à des réunions de parents d'élèves ; ils devront connaître les amis de leurs enfants, pour être en mesure de les conseiller sur leurs fréquentations. L'avenir de ceux-ci leur fera voir la politique sous un jour nouveau. Elle ne sera plus un simple débat d'idées, progressistes ou conservatrices, mais le moyen d'agir pour leur façonner un avenir meilleur. Pour intervenir plus efficacement, ils découvriront les bienfaits de la vie associative. Enfin, un jour, ils devront se lier, par enfants interposés, à des belles-familles encore totalement inconnues d'eux. C'est ainsi que, petit à petit, les enfants prennent leurs parents par la main pour les faire participer à la vie sociale.

10

J'enlève ma blouse (*bis*)

Vous commencez à en avoir l'habitude. J'enlève une deuxième fois ma blouse de psychiatre pour vous dire ce qui tient le plus à mon cœur de catholique à propos de ce que nous venons de voir.

La plus solide raison de s'aimer

S'aimer soi-même, avoir un réservoir à haut niveau, est-ce possible constamment, en toutes circonstances ? Si l'on suit les grands optimistes américains, telle Satir, oui. Mais les États-Unis sont aussi un des pays où la dépression nerveuse est la plus répandue et les psychothérapeutes les plus nombreux.

S'aimer soi-même avec toutes ses misères paraît quelquefois une tâche surhumaine. Nous ressemblons alors à des mouches enfermées dans une étroite cage de verre, et qui se cognent sans cesse contre ses parois invisibles. Nous avons beau aller devant le miroir et nous faire une grande déclaration d'amour, quelque chose reste en nous obstinément bloqué et nous ne nous trouvons pas sympathiques. Nous ressentons parfois comme une incapacité paralysante à nous aimer et donc à aimer nos proches.

Cette expérience pénible est, pour certains, habituelle, et pour d'autres, survient quand tout va mal autour d'eux. Pour la plupart d'entre nous, elle arrive sans prévenir, par surprise, et nous découvrons une zone trouble en nous, sur laquelle nous n'avons pas de prise.

Dans la vie familiale, nous répétons les mêmes fautes et les mêmes erreurs, délibérément ou par habitude, comme par un penchant vicieux. Nous voudrions adapter nos règles pour qu'elles soient plus épanouissantes, et nous n'y parvenons pas. Nous voudrions ne pas nous mettre en colère devant certaines réflexions, toujours les mêmes, des autres membres, et nous échouons immanquablement.

Comment faire alors pour nous aimer en toutes circonstances, quand tout notre effort de volonté et d'intelligence n'y suffit pas ? Comment faire pour respecter à tout moment ces fameux Droits de l'homme en nous ?

Je crois que l'homme laissé à lui-même ne peut pas y parvenir. Il est trop mobile et trop inconstant. Aucune psychothérapie du monde n'a jamais guéri cette zone de souffrance qu'il porte en lui. Il faut fonder les Droits de l'homme sur plus haut, plus constant, et plus fidèle que lui pour que ces droits acquièrent une consistance solide sur laquelle s'appuyer avec confiance.

Le chrétien les fonde sur Dieu éternel, immuable, infini et tout-puissant, qui a créé l'homme « à son image et à sa ressemblance ». Si je suis l'image de Dieu, la noblesse de ma condition dépasse de loin ce que je vis dans l'instant. Alors, je peux commencer à m'aimer quand rien ne va, et mettre un pas devant l'autre quand je suis épuisé.

Dieu est Amour. Il est l'amour dont nos amours humaines sont les reflets. Par Jésus-Christ, il a fait des hommes ses enfants. Ils ne sont plus seulement à son image. Ils sont de sa race. N'est-ce pas encore mieux pour s'aimer ?

Comment serons-nous heureux ? Puisque Dieu est l'amour, il est l'auteur et la source du bonheur. Nous serons heureux en nous unissant à lui. En réalisant la pensée qu'il a sur nous depuis toujours, nous nous réaliserons totalement, infiniment, personnellement. Nous venons de lui, et notre vie sur terre est le chemin pour aller vers lui.

Pour réaliser ce projet hors de portée humaine, nous avons deux choses : son regard d'amour permanent sur nous et son aide incessante et efficace. De nous, il ne demande qu'un peu de bonne volonté.

Nous croyons que Dieu veille sur nous jour et nuit comme un père plein de tendresse, car il est vraiment notre Père. C'est même lui qui donne son sens à nos paternités terrestres. Que les parents y réfléchissent ! À tout moment, nous sommes dans sa main, « à l'ombre de ses ailes ». Il est « notre rocher, notre abri, notre forteresse », selon les belles expressions de l'Écriture. Entre ses bras, rien ne peut nous arriver.

J'insiste sur son regard, car c'est bien ainsi que nous aussi faisons grandir l'amour d'eux-mêmes de nos enfants : en les regardant progresser dans leurs acquisitions. Sous notre regard, ils prennent confiance en leurs capacités et se sentent plus forts. Dieu me regarde progresser, chuter, progresser chaque jour, et il a confiance en moi.

Mes capacités, il les connaît. Mes limites et mes misères, il les connaît, et bien mieux que moi. En effet, cette zone de souffrance obscure que je porte en moi vient de l'infidélité de l'homme à l'amour. En se coupant de Dieu par orgueil, l'homme a blessé sa nature parce qu'il était fait pour l'amour. Le premier péché a déchiré quelque chose de vital en nous, puis nous avons multiplié les infidélités, aggravant la blessure. C'est l'unique raison de la venue du Christ sur la terre.

Quand je fais l'expérience de ma misère, c'est la chance de ma vie. Je découvre que je ne suis pas autosuffisant et que j'ai besoin de Dieu. J'aime ma dépendance parce qu'elle est dépendance à l'amour qui m'a créé. Alors, je prie et lui remets tout le poids de mon incapacité à aimer qui me pèse si lourd au cœur. Lui seul peut y porter remède.

Cette prière, il l'exauce toujours parce que c'est dans la miséricorde qu'il déploie sa toute-puissance. Il ne me reste plus qu'à me laisser soigner, panser, et consoler. Il ne me reste plus qu'à recevoir de lui de la lumière pour mon intelligence, de la force pour ma volonté. Il me montre la voie sur laquelle il m'appelle et m'en donne l'énergie. Il me rend libre. Je peux enfin franchir l'obstacle contre lequel je butais depuis si longtemps, livré à mes seules forces. Je le franchis avec l'immense joie de savoir que c'est lui qui m'agit et d'avoir un peu plus pénétré le grand mystère de son amour. Et je l'aime, mon Dieu. En lui, je m'aime profondément, et j'aime profondément les autres. J'ai même trouvé le bonheur dans ce qui, vu d'un niveau simplement humain, paraissait absurde, révoltant, et cruel. Nous appelons cela la logique de la Croix, qui est une véritable folie pour la pensée moderne. J'aime cette folie, et voudrais l'aimer un peu plus.

Comme si ce n'était pas suffisant, j'ai un modèle sur qui fixer les yeux et prendre mes repères dans ce monde changeant : c'est Jésus-Christ, Dieu fait homme. Ce qu'il a fait et dit sur terre me montre la route à suivre. Jésus est plus que mon modèle. Sa vie, pour ainsi dire, coule dans mes veines, grâce à l'Esprit saint qui est comme l'âme de mon âme, plus intime à moi-même que moi-même. En étant fidèle à l'enseignement du Christ, et avec son aide, je fortifie cet homme intérieur, dont je parlais la première fois que j'ai enlevé ma blouse dans ce livre. Je deviens un autre Christ. Quand je vois mon visage dans le miroir, c'est le visage du Christ que j'apprends à y discerner de mieux en mieux. Ce visage-là, je l'aime.

Communication et règles : le cœur d'abord

Faire l'effort de communiquer clairement sur ses sentiments suppose une disposition fondamentale du cœur : la bonne volonté. « La bouche parle de l'abondance du cœur. (Mt 12, 34) » Supprimez la bonne volonté, ces efforts n'ont plus de raison d'être.

À son tour, la bonne volonté suppose d'autres attitudes dans le cœur, toutes en lien avec l'amour : générosité, modestie, ouverture à l'autre, don de soi, respect des autres, esprit de service, courage, sens de la justice, honnêteté, intégrité, discipline personnelle. L'homme bon déteste la communication manipulatoire, allusive et indirecte. Comme il est juste, il voit aussi plus rapidement qu'un autre quand la communication est perturbée, et s'emploie à la clarifier.

Trop souvent, le problème est pris en sens inverse par nos contemporains, qui pensent qu'en dépistant et déjouant les pièges de la communication on construira des communautés familiales plus épanouissantes. Ce n'est pas faux, mais c'est regarder les choses par le mauvais bout de la lorgnette.

Si vous êtes méchant, et si vous ne voulez pas vous améliorer d'une miette, vous communiquerez très clairement votre méchanceté. Vous n'en serez pas plus épanoui, et vous ne rendrez pas les autres heureux. Hitler et Staline étaient d'excellents communicateurs, qui croyaient à leur mission.

De même pour les règles familiales. L'homme qui s'entraîne à devenir bon et juste ne cherche pas à enfermer les siens dans un carcan. Parent, il ne se conduit pas en autocrate. Attentif aux autres, il a le sens de la cohésion de la communauté, de la différence des personnalités qui la composent, et de l'évolution des besoins de celles-ci avec le temps. Il dose aisément fermeté, souplesse et changement.

Pour bâtir une famille, il faut donc un minimum de bonne volonté persévérante. Tout part du cœur. C'est lui qu'il faut commencer par clarifier. Le reste suit, non pas automatiquement, mais comme une suite d'efforts que s'impose logiquement l'homme bon et juste. S'informer sur l'état actuel des connaissances sur le fonctionnement familial est la première obligation de cette suite ; s'en servir, la seconde.

Les chrétiens sont des passionnés de l'amélioration du cœur humain. Le passage de l'homme ancien à l'homme nouveau n'est rien d'autre. Le but visé est une transformation radicale, une conversion, un « retournement », en grec la *metanoïa*, grâce à l'identification au Christ dont le moteur est le Saint-Esprit vivant en nous. Ce changement n'est pas d'abord un phénomène psychologique, mais spirituel qui, venant de plus haut et de plus profond, assume la psychologie de l'homme. Nous sommes bien loin du fade *nirvana* oriental qui n'est qu'anéantissement dans un grand Tout originel et impersonnel.

Chacun avec son style de personnalité, les grands saints communiquaient très clairement. Ils ne connaissaient pourtant pas la communication moderne. Simplement, la contemplation de Dieu rendait leur regard transparent, et leur cœur brûlait du même amour pour Dieu et pour leurs frères. Je parle des saints du passé, mais les saints sont aussi parmi nous aujourd'hui : inconnus, sans le label donné par la canonisation et les biographies écrites sur eux. Quiconque a, dans sa vie, rencontré un saint a éprouvé auprès de lui qu'il se sentait compris, meilleur, plus léger, plus joyeux, et plus confiant en ses capacités d'aimer. Cela m'est arrivé deux fois et je ne l'oublierai pas.

Un bon nombre de saints ont fondé des familles spirituelles. Allez dans un monastère bénédictin, vous serez étonné de la paix qui y règne. Si vous le fréquentez quelques jours pendant plusieurs années, vous connaîtrez les moines un peu mieux. Vous en viendrez à vous demandez comment ces hommes arrivent à former une communauté aussi soudée. Rien ne les rapproche, ni les personnalités, ni les origines socioculturelles. C'est uniquement l'amour de Dieu qui les unit : le miracle est là. Pour vivre ensemble, ils ont décidé de suivre une règle. Celle-ci doit avoir bien des qualités puisqu'elle a été écrite par saint Benoît au VIe siècle !

En fait, la règle de saint Benoît est une des manières de vivre la grande règle qui anime la chrétienté entière depuis deux mille ans : l'Évangile. Celui-ci est une règle claire, ferme, souple, et applicable dans toutes les contingences de la vie humaine. L'expérience historique a montré que, chaque fois que les hommes y étaient fidèles, ils devenaient meilleurs ; ils parvenaient à surmonter leurs oppositions, à vaincre le mal par le bien, et ainsi à s'aimer et former des communautés épanouissantes. Ce ne serait donc pas une mauvaise idée que nos « petites » règles familiales s'en inspirent. Encore faudrait-il l'avoir lu !

Oserais-je même avancer d'un pas de plus et vous conseiller la lecture d'un court document : *Familiaris Consortio*, de Jean-Paul II ? Le pape y propose une vraie règle de vie chrétienne pour les familles de notre temps, inspirée de l'Évangile.

La prière en famille

Une famille chrétienne n'a pas qu'un point fixe par jour, le repas en commun, pour y concentrer ses interactions. Elle en a deux : la table et la prière. C'est plus solide.

Les genoux des hommes modernes sont comme paralysés. Ils ne savent plus les fléchir devant Dieu. C'est dommage. Agenouillés ensemble quelques minutes chaque soir, parents et enfants sont égaux sous le regard du Créateur, et branchés sur la vie de l'Église universelle. Là, on demande pardon à Dieu de ses offenses à l'amour ; on se réconcilie avec le conjoint, le parent ou l'enfant qu'on a blessé pendant la journée, parce qu'on ne veut surtout pas que « le soleil se couche sur sa colère (Eph 4, 26) » ; on lit sa Parole et on la médite silencieusement ; on loue Dieu d'être qui il est ; on le loue pour sa beauté, sa puissance, son amour, sa miséricorde, sa création, et pour notre salut en Jésus-Christ ; on le remercie des dons reçus par nous ou d'autres ; on le prie pour un enfant malade, un baccalauréat à passer, les absents, les défunts de la famille et les autres, le pays, le pape et les évêques, l'évangélisation de l'Europe et de la Papouasie, et la famine au Sahel. Une famille chrétienne croit à l'efficacité de la prière, surtout celle des enfants, sur le cœur de Dieu. Elle croit que la prière traverse l'espace et le temps, et qu'elle a une immense efficacité souterraine sur les hommes.

Je prétends qu'une famille qui prie ainsi quotidiennement n'a aucun risque de se disloquer, et qu'elle rend tous et chacun de ses membres heureux. Plus elle s'ouvre sur les besoins du monde, plus elle est unie. Elle est alors vraiment catholique, c'est-à-dire, selon l'étymologie, universelle. Cette prière représente d'abord un certain effort, puis elle devient quasi naturelle. Je dis « quasi » parce que, seul, le Saint-Esprit en donne l'idée, l'anime chaque soir, et fait y persévérer.

Rôles, vocation et oraison

Le sens chrétien de la vie montre que les rôles que nous tenons dans la famille sont des moyens pour réaliser la vocation personnelle à laquelle Dieu nous a appelés. Un rôle est temporaire. Même s'il dure longtemps, par rapport à l'éternité, il est très provisoire. Alors, il n'y a plus de risque de confondre le rôle et la personne. Ce qui compte, c'est l'amour, la vie du Christ qui se répand en chacun pour l'accomplir.

Pour développer en lui l'homme nouveau, chaque membre, à l'exemple des parents, est invité à un tête-à-tête solitaire quotidien avec Dieu. Nous appelons cela l'« oraison ». La prière en commun du soir ne peut pas la remplacer car, encore une fois, la famille n'est pas une collectivité où chacun n'aurait de sens que par le groupe du fait de son rôle.

L'oraison chrétienne est à l'opposé des états de méditation importés de nos jours d'Extrême-Orient. Ils sont à la mode par soif de spiritualité, et par manque d'une véritable spiritualité personnelle. Ces états sont des états naturels. La conscience y est modifiée, et le sujet replié sur lui. En psychothérapie, je recours volontiers à l'hypnose qui s'y apparente pour aider les patients à entrer en contact avec des ressources enfouies en eux qu'ils ont oublié posséder. Ce n'est pas la prière chrétienne. La foi affirme la possibilité d'une relation personnelle et intime avec Dieu qui est lui-même une personne. L'homme prend conscience de cette relation dans la prière : il écoute Dieu et lui parle. Ce dialogue peut être parfaitement silencieux, et l'homme être là, simplement assis ou à genoux devant lui. Avec les yeux de la foi, savoir Dieu là, s'ouvrir à lui et s'offrir à lui sans mots est pour l'homme, comme il est, en pleine forme, fiévreux ou épuisé, sa meilleure oraison.

C'est là, dans le secret, que l'homme discerne le cheminement de sa vocation parmi les événements de sa vie, où il distingue la main de Dieu qui le conduit. Il ne fait pas oraison pour développer ses capacités psychologiques ou pour se relaxer. J'ai montré au contraire que plus il y confessait son incapacité à aimer vraiment, plus Dieu le prenait en charge pour le faire grandir dans l'amour, c'est-à-dire dans le don de soi au service de sa famille et de la communauté humaine. L'oraison lui fait connaître son désir de Dieu et l'enflamme, ce qui introduit une tension de plus en plus forte, et parfois douloureuse, dans son psychisme. Cette tension a des conséquences paradoxales : l'homme d'oraison devient paisible, joyeux et patient. L'amour de Dieu s'est emparé de son cœur.

Connaissez-vous une technique humaine susceptible d'épanouir ainsi les personnes qui composent la famille ?

L'oraison n'est pas réservée aux adultes. En une ou deux minutes, les enfants font souvent des oraisons d'une extraordinaire qualité, si je puis dire. Ils ont souvent une intuition très fine des choses spirituelles. L'âge de raison a été remarqué comme « l'âge héroïque de la foi ». Des enfants de sept ans devant qui le sujet de Dieu n'a jamais été abordé posent des questions métaphysiques d'une surprenante profondeur. Ils sont capables de rencontres authentiques avec Dieu, et d'expériences mystiques véridiques, à faire pâlir un bonze. Il faut donc les encourager à faire oraison, pour ne pas les priver de ce bonheur.

Triangles et Trinité

La famille multiplie les occasions d'échapper au repliement narcissique : elle abonde de paires qu'elle passe son temps à déstabiliser pour en faire des triangles. C'est la substance-même de l'amour. L'amour est dans l'échange. C'est ce que Dieu fait de toute éternité. Le Père se donne au Fils qu'il a engendré, et le Fils se donne au Père : la paire est constituée. Mais voici le Saint-Esprit : le triangle, ou plutôt, la Trinité est achevée. Et le Saint-Esprit n'est autre que le don que le Père et le Fils se font l'un à l'autre, leur « baiser commun ».

Jésus peut parler des heures de son Père, et l'Esprit-Saint semble en retrait, comme inimportant. En fait, invisiblement, il est en train d'animer Jésus. D'autres fois, la présence du Père est plus discrète : Jésus souffle son Esprit sur les disciples lorsqu'il leur dit souverainement : « Recevez l'Esprit-Saint. Tout homme à qui vous remettrez ses péchés, ils lui seront remis ; tout homme à qui vous les maintiendrez, ils lui seront maintenus. » En réalité, Jésus accomplit la volonté du Père qui trouve son bonheur à, silencieusement, le regarder agir.

La famille humaine est à l'image de Dieu, dès que des triangles s'y forment. L'enfant est le fruit de l'amour de la paire formée par un homme et une femme. Il est leur « baiser commun ». Il complète le triangle. À trois, il y a plus d'amour en circulation qu'à deux, et... à quatre plus qu'à trois, à huit plus qu'à sept, et toujours plus de triangles, comme nos calculs nous l'ont montré. L'amour a besoin de diffuser toujours plus. C'est aussi la raison de la Création : la Trinité a diffusé en dehors d'elle. C'est aussi la raison de la procréation des enfants : diffuser l'amour.

J'aime ce terme de « procréation ». Il sonne mal. Pourtant, son sens est si beau. L'homme ne créée pas, mais il a une délégation divine pour créer. Une délégation est une responsabilité à exercer selon la volonté de celui qui nous a fait l'honneur de nous la confier. Je ne renie pas que la famille soit le lieu de la « création » de personnes épanouies et épanouissantes. Mais seul Dieu crée : il donne l'existence, les personnalités, leur développement, l'éducation, l'inspiration éducative, les forces pour le travail quotidien, la mort terrestre et le bonheur éternel. L'homme procrée : il collabore librement à l'action divine avec sa bonne volonté, Dieu lui donnant les moyens de l'exercice de la délégation de responsabilité.

De la confession à la communion

Dans une famille chrétienne, le pardon est donné chaque soir à la prière en commun. De plus, régulièrement, au moins une fois par mois, ses membres, parents et enfants, se confessent individuellement. Ils avouent, dans le secret, au prêtre qui représente Jésus-Christ, tous leurs manques et leurs offenses à l'amour. Ils le font avec un regret sincère et la volonté de faire mieux, avec l'aide de Dieu. Quand le prêtre, suivant l'ordre de Jésus que nous venons d'évoquer, dit au pénitent : « Je te pardonne tous tes péchés », celui-ci est vraiment pardonné. La miséricorde divine purifie efficacement son cœur et lui donne de grandir encore plus rapidement dans l'amour. A-t-on trouvé mieux que le sacrement de confession pour souder la communauté familiale dans laquelle – c'est inévitable parce que l'humain – les conflits sont nombreux ?

Et, surtout, la confession permet au chrétien de s'approcher de la merveille des merveilles de la foi chrétienne, la communion eucharistique. Dès qu'il est en âge de comprendre, puis le plus souvent possible, l'enfant puis l'adulte reçoit le pain consacré à la messe. Ce pain sur lequel le prêtre a prononcé les paroles de Jésus : « Ceci est mon corps » est vraiment devenu le Corps vivant de celui-ci. Il n'a plus que les apparences sensibles du pain. C'est Jésus qui se donne à nous en nourriture pour nous transformer en lui, et non pas comme avec les aliments ordinaires que nous transformons en nous-mêmes. La communion réalise une indicible universelle et infinie unité. Nous sommes unis personnellement à Jésus-Christ, et par lui plongés dans la Trinité qui nous unit à tous nos frères de tous les temps et du monde entier. C'est dans la communion que la famille trouve une indestructible unité. Elle est pour elle le centre et le sommet de sa vie.

ÉPILOGUE

L'homme procréateur est remis à sa place : la seconde, pas la première. À ce rang plus modeste, il n'a plus d'effort prométhéen à faire. Il peut mettre au passé ses trop longues et anciennes agitations inquiètes et inutiles, et s'en reposer. Il peut enfin jouir de l'amour, aimer et se laisser aimer. Il peut profiter de sa famille en action jour après jour, et marcher vers sa mort où l'entraîne le cycle de vie en pensant : « Et si c'était par la fin que tout commençait ? » comme l'annonce la quatrième page de couverture d'une célèbre collection pour enfants.

Ce livre lui aussi touche à sa fin, et avons-nous la réponse à la question : « Comment être heureux en famille ? »

Si nous étions dans l'intimité, sans personne pour nous entendre, j'aurais envie de dire : « À question idiote, réponse idiote. » Ce ne serait qu'un mouvement d'humeur, car la question n'est pas idiote, mais immense et vitale depuis l'aube des temps. Tenter une ou des réponses en valait donc la peine, tout en sachant qu'il n'y a pas de recettes. On ne met pas la vie en bouteilles. Elle est infiniment surprenante, et son mystère dépasse nos petites cervelles.

Je me suis approché du mystère, et j'ai modestement tenté de mettre un peu d'ordre dans ce que la raison en aperçoit. Il existe des pistes sérieuses, solides, vraies et simples pour être heureux en famille. Encore faut-il les connaître et les emprunter. Les familles en difficulté qui l'ont fait n'ont pas eu à s'en plaindre : elles sont devenues plus épanouissantes.

Certaines avaient besoin d'apprendre à respecter et collaborer activement avec le cycle de vie dans son déroulement, parce qu'il fait partie de l'écologie humaine. D'autres, à manier les ingrédients indispensables au bonheur jour par jour : s'aimer soi-même, bien communiquer et avoir des règles saines pour être à l'aise dans les multiples rites, rôles et relations qui sont la vie interne de la famille ; ainsi équilibrée, celle-ci s'ouvre sur l'extérieur qui l'en récompense en l'aidant à évoluer tout en restant la même.

Mais l'ordre que j'ai mis dans le sujet reste au fond le mien, donc arbitraire. N'étant pas un extra-terrestre, j'appartiens à une famille charnelle, qui a formé et continue à former ma personnalité. Mon expérience familiale personnelle influe sur ma pratique professionnelle et les réflexions présentées dans ces pages.

Je distingue l'expérience spirituelle de l'expérience psychologique et sociale, mais elles ne s'opposent pas. Elles sont en continuité : l'homme n'est pas découpable en rondelles. Catholique, j'ai tenté de montrer, dans des chapitres distincts des autres, la contribution essentielle de la foi chrétienne au bonheur en famille : épanouissement de la communauté et des personnes qui la composent, quotidiennement et au rythme du cycle de vie.

L'objectivité sur la famille est une illusion à fuir. Si j'y avais succombé, j'aurais été un autre M. Bidule, la tête farcie de théories insipides et prétentieuses ; vous vous seriez endormi dans une lecture rasante, et ne seriez pas arrivé jusqu'à cette conclusion. Mais je constate que vous êtes toujours là, et réveillé. C'est la preuve que dans ce domaine, une subjectivité parfois agaçante ou provocante est bien plus adaptée, ou alors que vous avez beaucoup de courage et moi d'arrogance. Dans le premier cas, nous pouvons nous féliciter tous les deux car nous avons partagé sans nous voir de riches expériences. Dans le second, je vous félicite, vous remercie de votre effort et vous présente mes excuses. Enfin, dans les deux cas, je vous souhaite, de tout mon cœur, beaucoup de bonheur.

Bibliographie

INTRODUCTION

ARISTOTE : *Éthique de Nicomaque,* Garnier-Flammarion, Paris, 1965.

CYCLE DE LA VIE FAMILIALE

ANATRELLA T. : *Interminables adolescences, les 12-30 ans,* Cerf/Cujas, Paris, 1988. Excellent, à méditer longuement.

BONNET Y. : *Le Défi éducatif,* Fleurus, Paris, 1990. Un auteur tonique avec lequel je suis sur la même longueur d'onde.

CASTELLAN Y. : *La Famille,* PUF, Que sais-je ? Paris, 1991. Une synthèse sérieuse, claire et concise.

COLLANGE C. : *Dessine-moi une famille,* Fayard, Paris, 1992. Le prêt-à-penser de la bourgeoisie bien-pensante parisienne.

HALEY J. : *Un Thérapeute hors du commun, Milton H. Erikson,* Éditions de l'Épi, Paris, 1984. Pour une vue d'ensemble du cycle de vie (et de son utilisation thérapeutique).

LEMOINE P. : *Transmettre l'amour, une éducation à l'écoute de l'enfant,* Nouvelle Cité, Paris, 1986. Un véritable manuel d'éducation écrit par un pédiatre après quarante ans de pratique.

SINGLY F. DE (sous la direction de) : *La Famille, l'état des savoirs,* Éditions la Découverte/textes à l'appui, Paris, 1991. Quelques idées intéressantes dispersées dans un pesant volume bidulien.

SONET J. : *Découvrons l'amour*, Droguet et Ardant, Paris, 1990. S'adresse aux jeunes de 13 à 20 ans et à leurs parents. Humoristique, concret et profond. Recommandé.

SULLEROT E. : *Quels pères, quels fils ?* Fayard, Paris, 1992. Une défense des droits aujourd'hui largement amputés des pères, qui vient peut-être un peu tard. Les dégâts sont faits !

FAMILLE EN ACTION

JEAN-PAUL II : *Familiaris Consortio* (exhortation apostolique sur les tâches de la famille chrétienne dans le monde d'aujourd'hui), Libreria editrice Vaticana, Cité du Vatican, 1981 (publié aussi chez Téqui, Paris).

LAFRANCE J. : *Jour et nuit*, Médiaspaul-éditions Paulines, Paris, Montréal, 1992. Pour apprendre à prier, et se simplifier le cœur.

LAFRANCE J. : *Ma vocation c'est l'amour, Thérèse de Lisieux*, Médiaspaul-éditions Paulines, Paris, Montréal, 1990. Pour apprendre à faire de nos limites les plus étroites le meilleur moyen de notre libération.

LUSTIGER J.-M. : *Les Droits de l'homme, Dieu merci*, Critérion, Paris, 1990. Démonstration solide, et nourriture spirituelle pour l'homme contemporain. Recommandé.

LA RÈGLE DE SAINT BENOIT, Abbaye Saint-Pierre, Solesmes, 1972.

SATIR V. : *Pour retrouver l'harmonie familiale*, Jean-Pierre Delarge, Paris, 1980. Une mine pour rendre nos familles plus épanouissantes. Les bienfaits de l'optimisme américain, pour ceux qui aiment.

N.B. : Cette bibliographie omet volontairement les références psychothérapiques plus spécialisées que j'utilise dans mon travail et abondamment dans ce livre, où elles n'ont pas leur place. Le lecteur intéressé les trouvera dans mon ouvrage précédent, *Les Thérapies brèves*, Retz, Paris, 1990.

Table des matières

LA FAMILLE EN ACTION

Achevé d'imprimer en février 1993
par l'imprimerie SEPC à Saint-Amand-Montrond
N° d'édition : 93074. N° d'impression : 390.

Imprimé en France